루르드
(성모 발현지)

툴루즈

생장피드포트

론세스바예스

팜플로냐   수비리

산토 도밍고 칼사다   에스테야

로그로뇨   푸엔테 라 레이나

벨로라도

나헤라   로스아르코스

SPAIN

순례길 방문도시

산티아고 순례길 가이드북(2025~2026)

| **지은이** 김남철 김태훈 박건우
| **디자인** 맹정환 윤혜령
| **일러스트** 이혜린
| **사진** 산티아고순례길 네이버밴드, 이혜린, 김영복
| **마케팅** 진소율

| **초판** 2017년~2020년 총7쇄
| **개정판** 2023년 7월 1일 1쇄
| **개정2판** 2024년 9월 30일 1쇄

| **발행처** 핏북(FITBOOK)
| **발행인** 정성원
| **출판등록** 2015년 1월 27일 제2015-000021호
| **주소** (04038) 서울시 마포구 잔다리로48, 3층(서교동, 정원빌딩)
| **전화** 070-7856-0100 **팩스** 0504-096-0078
| **전자우편** fitbookcom@naver.com

| **ISBN** 979-11-985465-5-5 (책값은 뒤표지에 있습니다)

나를 찾아 떠나는 여행

산티아고 순례길
가이드북

김남철 | 김태훈 | 박건우 지음

산티아고 순례길 가이드북 CONTENTS

구간(day) : ~10 구간

산티아고 순례길 가이드북 CONTENTS

구간(day) : ~20 구간

구간(day) : ~32 구간

" 별빛이 반짝이는 들판을 따라 걷다 보면
800km의 끝에 서 있는 산티아고 대성당,
순결한 용기와 다부진 각오로 시작한
이 길의 끝에서 당신이 찾고자 했던,
그 무언가를 반드시 찾을 수 있으리라고 본다."

산티아고를 접할 수 있는 다양한 방법

- **책**: '산티아고 순례길' 하면 대표적으로 떠오르는 사람, 파울로 코엘료. 그의 저서 『순례자』와 독일 코미디언 하퍼 케르켈링의 저서 『산티아고 길에서 나를 만나다』.
- **영화**: 하퍼 케르켈링의 저서 『산티아고 길에서 나를 만나다』를 원작으로 한 영화 <나의 산티아고>(린투어 협찬). 마틴쉰 주연 영화 'the way'
- **무료강좌** : 년 2회 이상, 블로그 [해파랑농부] 및 밴드 [산티아고 순례길] 공지

산티아고 순례길이란?

1993년 유네스코 세계문화유산으로 지정된 스페인의 기독교 순례길로 예수의 12제자 중 한 분인 성 야고보(야곱)의 무덤이 있는 스페인의 북서쪽 도시 산티아고 데 콤포스텔라로 향하는 약 800km의 도보길이다.

예루살렘에서부터 멀고먼 스페인까지 복음을 전파했던 성 야고보 성인의 발자취와 함께 마지막 그의 모습을 찾아가는 진정한 의미의 순례길이다. 산티아고는 성 야고보를 칭하는 스페인식 이름이며, 영어로 세인트 제임스라고 한다. 1189년 교황 알렉산더 3세가 예루살렘, 로마와 함께 산티아고 데 콤포스텔라를 성스러운 도시로 전포하면서 무수히 많은 순례자들이 이 길을 걸었으며, 당시 무슬림의 지배하에 있던 스페인 지역에 기독교에 대한 믿음을 지속시켜 주었다. 하지만 이 길은 중세를 정점으로 잠시 잊혀졌다.

1982년 교황 요한 바오로 2세가 산티아고 데 콤포스텔라를 방문하면서 화려하게 다시 언급되기 시작한 이 길은 1987년 파울로 코엘료의 『순례자』가 출간된 이후 더욱 유명세를 탔다. 이후 1993년 유네스코 세계문화유산으로 지정되면서 유럽과 전 세계의 성지 순례자들로 붐비기 시작했다. 현재는 일 년에 27만 명 이상(2016년 통계)이 걷는, 가장 걸어보고 싶은 길로 꼽히고 있다.

✚ 대한항공-도전해보고 싶은 유럽 No 1 선정
✚ 산티아고 순례길 북쪽길, 포르투갈길도 있다.

산티아고 순례길 SNS

- 밴드: 산티아고 순례길 caminodesantiago (band.us/@caminodesantiago)
- 블로그: 해파랑농부 (blog.naver.com/haeparanghaus)
- 블로그: 산티아고 순례길 (blog.naver.com/haeparanghaus)
- 인스타그램: caminodesantiagogo(instagram.com/caminodesantiagogo)

사진 김영복

산티아고 순례길 Q&A

Q 누구나 가능할까?

3S(Slow 천천히, Steady 꾸준히, Safely 안전하게)만 실천하면 누구나 가능하다. 산티아고 순례길 인솔자 동행 프로그램 참가자 대부분이 50~70대 중반이다. 나이는 큰 문제가 되지 않는다. 신체상의 문제만 없다면 본인의 체력에 맞춰 욕심내지 말고 천천히 걷는다면 완주할 수 있다. 인솔자가 안내하는 주의사항을 잘 듣고 실천하면 많은 도움이 된다.

Q 얼마나 걸을까?

총 32구간 약 800km를 걷는다. 보통 1일 20~30km를 걸으며, 1시간에 보통 3.8~5km 걷는다.

Q 출발 전 꼭 필요한 준비는?

발에 길들여진 등산화를 신고 스틱을 이용해서 하루 20km 이상 걸어본다. 다음날 신체 부위에 근육통이 심하면 스피드를 조금 줄이고, 통증이 있는 곳은 약한 부위 이므로 치료 후 보호대를 꼭 하고 꾸준히 연습한다. 그래야 순례길에서 부상을 최소화하여 완주할 수 있다.

Q 언제 가면 좋을까?

대체적으로 한국과 계절이 같으며, 기온도 비슷하다. 산악지대는 날씨 변화가 심해 주의가 필요하다. (봄 〉 가을 〉 여름 〉 겨울)

- 봄(4월 15일 이후~5월 말까지): 녹색 벌판과 봄꽃이 피는 순례길을 걸을 수 있는 기간으로 전체적으로 청명한 날씨가 이어진다.
- 가을(8월 20일 이후~11월 중순 이전): 전형적으로 맑은 스페인의 가을 날씨를 즐길 수 있는 기간으로 빗속에서 순례하는 불편함을 피할 수 있다.
- 여름(6월~8월 20일 이전): 외국인 순례자들이 가장 많은 성수기 시즌으로 스페인의 뜨거운 태양을 느낄 수 있다. 산티아고 데 콤포스텔라에서 '야고보 성일(7월 25일)을 지낸다'면 더욱 뜻 깊은 순례길이 될 수 있다. 하지만 많은 순례자들로 인한 숙소 부족, 더운 날씨 등 힘든 문제가 있다.
- 겨울(11월 중순 이후~4월 15일 이전): 잦은 비와 낮은 온도로 인해 걷기 가장 힘든 계절이다. 그리고 두터운 보온 의류와 침낭 등이 순례자의 배낭무게를 늘린다. 알베르게도 대부분 문을 닫으므로 숙소 선택에도 주의해야 한다. 하지만 멋진 설경과 한적한 순례길을 즐길 수 있고, 알베르게도 붐비지 않아 숙소 확보에는 유리하다.

한국에서는 보통 봄·가을을 가장 선호하고 많이 간다. 여름은 산티아고 순례길이 최성수기라 알베르게 예약이 쉽지 않으며, 겨울에는 알베르게가 대부분 문을 닫는다. 따라서 인솔자 동행 프로그램은 4~6월, 9~11월까지 진행한다.

▼ 팜플로나 Pamplona - 나바라 Navarra 지역 강수량&기온

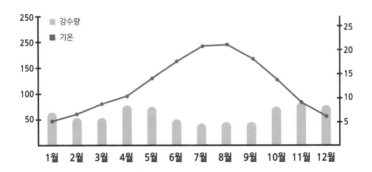

▼ 로그로뇨 Logrono - 리오하 Lioja 지역 강수량&기온

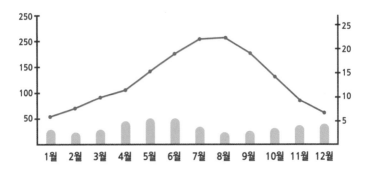

▼ 부르고스 Burgos 지역 강수량&기온

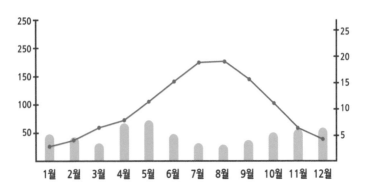

▼ 레온 Leon 지역 강수량&기온

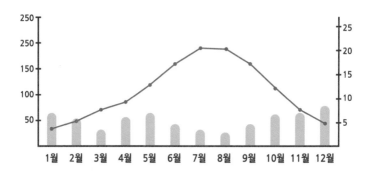

▼ 산티아고 데 콤포스텔라 Santiago de Compostela 지역 강수량&기온

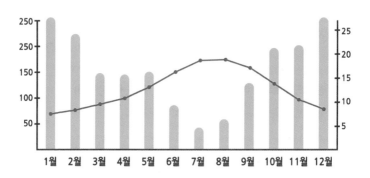

Q 현지에서 필요한 예상 비용은?('25~'26 예상환율 적용)

① 숙박 : 공립 알베르게 7~10유로, 사설 알베르게 12~28유로

　　　1일 평균 15유로 * 35일 * 1,480(예상환율) = 777,000원

　　　그 외 숙박시설 호스텔은 30유로 이상)이며, 호텔은 최소 50유로

　　　이상(룸당) 예상해야 한다.

② 식사 : 순례자 메뉴 14~18유로

　　　1일 평균 아침 5유로 + 점심 15유로 + 저녁 15유로 + 음료 3유

　　　로 = 38유로 * 36일 * 1,480유로(예상 환율) = 2,024,640원

③ 1구간 배낭 배송비 : 5~7유로 (1개 15kg 이하)

　　　　　　1일 평균 6유로 * 32일 * 1,480(예상 환율)

　　　　　　= 284,160원

① + ② + ③ = 총 예상 비용 3,085,800원

개인 취향 및 환율에 따라 비용 증감이 될 수 있다.

여운이 오래 남는 여행을 위해 비용보다 가치에 중점을 두세요.

Q 생 장 피드포트까지 어떻게 갈까요? (항공, 기차, 버스, 택시)

생 장 피드포트Saint Jean Pied de Port까지 이동 방법은

　① 비행기를 타고 프랑스 파리나 독일 프랑크푸르트 또는 뮌헨을 경유해

　　프랑스 툴루즈Toulouse 도착 1박. 다음 날 오전 툴루즈 기차역에서 성모

　　발현지 루르드Lourdes로 이동 후 관광하고 바욘Bayonne 기차역에 도착,

　　생 장 피드포트행 기차로 환승하면 된다.

　② 툴루즈 기차역에서 바욘 기차역으로 바로 가서 생 장 피드포트행 기차

　　를 타도 된다.

　③ 파리에 도착해 1박하고 다음 날 몽파르나스Montparnasse역에서 테제베

　　(TGV)를 타고 바욘 기차역 도착. 생 장 피드포트까지 가는 기차로 환승

　　하면 된다.

귀국은 산티아고 데 콤포스텔라에서 버스, 기차, 야간기차로 스페인 마드리

드로 이동해 귀국하거나 산티아고 데 콤포스텔라, 포르투갈 포르토Porto 공

항을 이용하면 된다.

Q 순례자 여권(크레덴시알) 발급은?

산티아고 순례길의 시작 지점에서 발급받을 수 있다. 프랑스 길의 시작인 생 장 피드포트의 경우 순례자 사무실에서 여권+신청서+발급비 2유로를 제출하고 발급받을 수 있다. 3대 성모 발현지 프랑스 투르드 Lourdes성당에서 3유로에 발급할 수 있다. 팜플로냐-Jesus y Maria연맹 알베르게, 로그로뇨-공립 알베르게, 산토도밍고-카사 델 산토알베르게, 부르고스-카사 델 쿠보알베르게, 레온-베네딕티 나스알베르게, 폰페라다-산 니콜라스 데 플루에알베르게, 사리아-산타 마리아 성당에서 발급 가능하다.

Q 무엇을 준비할까?

▼ 준비물

▼ 상세 준비물 리스트

여권, 환전 €유로 현금, 신용카드, 길들여진 등산화, 등산 스틱, 배낭 40리터(방수커버), 경량 침낭(여름용), 방풍, 방수 보온 자켓, 경량패딩, 기능성 상의, 하의 2벌, 판초우의, 챙이 있는 모자, 헤드 랜턴, 스페츠, 장갑, 기능성 속옷(2벌), 양말·발가락 양말(2컬레), 무릎 보호대, 근육통 소염젤, 선크림, 수통, 선글라스, 3구콘센트, 휴대폰 충전기, 슬리퍼, 운동화 또는 샌들, 보조 배터리, 유심칩, 소형가방, 세면도구, 스포츠 타월, 비닐 팩(샤워실 사용), 개인 상비약(감기약, 타이레놀, 마데카솔), 마스크, 베드벅 기피제, 스포츠 테이프

▼배낭

무게중심 조절 끈 Top pull straps
배낭과 몸의 간격 조절.
무게중심 조절 끈의 각도는 45°.

어깨 끈 Shoulder Harness
어깨에 집중되는 무게를 분산.
어깨 끈을 뒤로 당겨 조임.
끈 길이는 10~15cm 적당.

허리 벨트 Webbing Belt
어깨 쪽으로 집중된 배낭의 무게를
허리 쪽으로 분산.
허리 벨트를 조이도록 조절.

허리 벨트 조임 끈 Stabilizer Strap
배낭 무게 안정화.
조임 끈을 적절히 당겨서
배낭 본체가
허리 벨트에 붙도록 함.

가슴 벨트 Chest-Belt
배낭의 멜빵이 벌어지는 것 방지.
어깨에 과중되는 무게를 분산.
위아래 위치를 조절해서
수평으로 맞춤.

illust by REEN

Q 알베르게 이용은?

• 순례자 여권(크레덴시알)을 소지한 순례자만 투숙 가능하다. 다인실(6인실 이상) 2층 침대로 구성되어 있으며, 순례자의 성별이나 연령 구분 없이 침대 하나만 지정받는다. 공용 샤워시설, 세탁기, 주방시설 등 이용 가능하다.

• 공립 알베르게는 저렴한 가격이 장점이지만 관리 인원 부족으로 극히 시설이 열악한 곳이 있다. 사설 알베르게는 다소 비싼 가격이 단점이지만 청결관리 및 예약을 통한 숙소 확보에 유리하다.

• 기본적인 알베르게 시설은 2층 침대, 온수가 나오는 샤워실, 취사도구를 갖춘 주방시설(대부분) 혹은 식당, 세탁 및 건조시설 등이 있다.

• 대부분의 알베르게는 사전예약이 불가능(사설 알베르게 제외)하며 체크인은 오후 1~4시 사이에 이루어진다. 체크인은 알베르게 도착 순서대로 이루어지므로 배낭으로 줄을 세워두고 대기해야 한다. 알베르게 문은 밤 10~11시에 닫고, 이후엔 통행이 불가능하다.

- 일부 알베르게의 경우 아침 및 저녁식사 유료 제공한다.
  (일부는 도네이션 제공이 이루어진다.)
- 특별한 사유 제외하고는 대부분 알베르게는 1박만 허용한다.
- 산티아고 데 콤포스텔라에 가까워질수록 알베르게의 숫자도 많아지고 또 더 많이 붐빈다.
- 새로운 알베르게가 계속 생기고, 없어지기도 하므로 알베르게 리스트는 항상 변경될 수 있다.
- 이른 아침 출발 시 수면을 취하고 있는 다른 순례자에게 불편을 줄 수 있으므로 짐을 가지고 나와 밖에서 조용히 짐을 챙겨야 한다.
- 알베르게의 주방기구 및 샤워시설은 한정되어 있으므로 너무 오래 사용해서 타 순례자에게 불편을 주는 것은 삼가야 한다.

• 알베르게 거실&침실

• 알베르게 세탁실&샤워실

• 알베르게 주방&식당

• 알베르게 추천 리스트('25~'26 시즌에 따라 가격이 달라집니다.)

지역	알베르게명	침대수	가격	Bfast	전화
FRANCE					
St. Jean Pied de Port	Pilgrim Office				559 370 357
	Alb Ultreia	15	25	3	680 884 622
	Gite Zuharpeta	15	18	6	559 373 588
	Alb Beilari	14	40	inc	559 372 468
Orisson	Refuge Orisson	28	43	Inc	681 497 956
SPAIN / NAVARRA					
Roncesvalles	Alb de Peregrinos Roncesvalles *	183	14		948 760 000
Zubiri	Alb Municipal de Zubiri	72	12		848 992 142
	Alb Zaldiko	24	14		609 736 420
	Alb El Palo de Avellano	59	21	Inc	666 499 175
Larrasoana	Alb Municipal Larrasoans	36	9	3	626 718 417
	Alb San Nicolas	40	15		619 559 225
Pamplona	Alb Jesus et Maria ★	112	13		948 222 644
	Alb de Pamplona ★	24	16	Inc	948 044 637
	Alb Plaza Catedral	45	18	Inc	948 591 336
Puente la Reina	Alb Padres Reparadores ★	100	7		663 615 795
	Alb Santiago Apostol	100	13		948 340 220
	Alb Puente	32	15		661 705 642
Lorca	Alb De Lorca Jose Ramon	14	12		948 541 190
Estella	Alb de Peregrinos de Estella ★	78	8		948 550 200
	Alb Capuchinos Rocamador	54	16		948 550 549
Los Arcos	Alb Isaac Santiago	72	8		948 441 091
	Alb de la Fuente Casa de Austria ★	55	12	4	948 640 797
Viana	Alb Andres Munoz	46	9		948 645 530
	Alb Izar	44	10		948 090 002
SPAIN / SPAIN / LA RIOJA					
Logrono	Alb de Peregrinos Municipal	68	10		941 248 686
	Alb Santiago Apostol	78	15		941 256 976
	Albas	28	15		688 766 475
Najera	Alb de Peregrinos Municipal ★	48	Don.		941 360 041
	Alb Puerta de Najera	34	15		941 362 317
Santo Domingo de la Calzada	Casa de la Cofradia del Santo	163	13		941 343 390
	Cistercian Abbey	33	8		941 340 700
SPAIN / CASTILLA Y LEÓN (BURGOS)					
Belorado	Alb de Peregrinos Cuatro Cantones	62	12		947 580 591
	Alb A Santiago	98	15	3	947 562 164
Villafranca Montes de Oca	Alb San Anton Abad	60	15		945 582 150
Ages	Alb El Pajar de Ages ★	34	14	4	686 273 322
Burgos	Alb Municipal Casa de los Cubos *	150	10		947 460 922
Hontanas	Alb Juan de Yepes *	54	12		638 938 546
	Alb El Puntido ★	55	10	4	947 378 597
Castrojeriz	Alb Ultreia	39	12	4	947 378 640
	Alb Municipal San Esteban *	34	7		679 147 056
SPAIN / CASTILLA Y LEÓN (PALENCIA)					
Boadilla del Camino	Alb En el Camino	70	10	3	979 810 284
Fromista	Alb Municipal de Fromista ★	56	12		979 811 089
Carrion de los Condes	Alb Parroquial de Santa Maria	48	7		650 575 185
	Alb Espiritu Santo ★	96	10		979 880 052
Terradillo de Templarios	Alb Jacques de Molay ★	50	10		979 883 679
	Alb Los Templarios	52	12	3	667 252 279
Atapuerca	Alb El Peregrino	30	11		661 580 882

지역	알베르게명	침대수	가격	Bfast	전화
SPAIN / CASTILLA Y LEÓN (LEÓN)					
Sahagun	Alb de Peregrinos Municipal Cluny	64	6		987 781 015
El Burgo Ranero	Alb Domenico Laffi ★	28	Don.		987 330 047
	Alb La Laguna	28	12		648 824 258
Mansilla de las Mulas	Alb El Jardin del Camino	32	12		600 471 597
	Alb Gaia ★	18	10		699 911 311
León	Alb San Francisco de Asis ★	92	12		987 215 060
	Alb Monasterio de Benedictinas ★	132	8		987 252 866
Villadangos del Paramo	Alb Municipal Villadangos	54	5		987 390 003
San Martin del Camino	Alb Santa Ana	64	7		654 381 646
	Alb Vieira Pilgrims	40	10		987 378 565
Hospital de Orbigo	Alb Karl Leisner Parish Pilgrims	90	5		987 388 444
	Alb San Miguel ★	30	10	3	987 388 285
Astorga	Alb de Peregrinos Siervas de Maria ★	156	7		987 616 034
	Alb de Peregrinos San Javier	110	14	4	987 618 532
Rabanal del Camino	Alb Nuestra Senora del Pilar ★	84	10	3	987 631 621
Foncebadon	Alb Convento de Foncebadon	50	12	4	987 053 934
	Alb La Cruz de Fierro ★	34	10		600 715 446
Molinaseca	Alb Compostela de Molinaseca	31	11		987 453 057
	Alb Santa Marina	56	10	4	987 453 077
Ponferrada	Alb San Nicolas de Flue Parish Pilgrims	186	Don.		987 413 381
	Alb Guiana	90	15	5	987 409 327
Villafranca del Bierzo	Alb Municipal Villafranca del Bierzo	62	6		987 542 356
	Alb de la Piedra ★	32	15		987 540 260
	Alb Leo ★	24	12	3	987 542 658
SPAIN / LUGO					
O Cebreiro	Alb de O Cebreiro ★	104	8		660 396 809
Triacastela	Alb Xunta de Triacastela ★	56	8		982 548 087
	Alb Complexo Xacobeo	60	11		982 548 037
Samos	Alb Samos Monastery	70	Don.		982 546 046
Sarria	Alb Xunta de Galicia	40	8		660 396 813
	Alb O Durminento	43	11		982 531 099
	Alb Monasterio de la Magadalena	100	12		982 533 568
SPAIN / GALICIA					
Portomarin	Alb Xunta de Portomarin ★	110	8		660 396 816
	Alb Ferramentiero	130	13		982 545 362
	Alb Casona da Ponte	47	12		686 112 877
Palas de Rei	Alb Xunta de Palas de Rei ★	60	8		660 396 820
	Alb San Marcos	71	12		982 380 711
	Alb Meson de Benito	78	13	4	982 103 386
Melide	Alb Xunta de Melide ★	156	8		659 582 931
	Alb O Cruceiro	72	12		616 764 896
Arzua	Alb Xunta de Aruzua ★	48	8		660 396 824
	Alb Don Quijote	50	12		981 500 139
	Alb Santiago Apostol	92	12		981 508 132
O Pedrouzo/Arca	Alb Xunta de Arca do Pino	150	8		649 880 954
	Alb Edreira	44	13		981 511 365
	Alb Cruceiro de Pedrouzo	94	12		981 511 371
Monte del Gozo	Alb Xunta del Monto do Gozo ★	400	8		981 558 942
Santiago de Compostela	Alb Seminario Menor La Asuncion	256	14		881 031 768
	Alb Santiago Km0	51	18		881 974 992
	Pilgrims Office				981 568 846

산티아고 순례길 Q&A

Q 무거운 배낭 보내는 방법?

① 도보 시 불필요한 짐이 많을 경우-우체국을 방문해 불필요한 짐 전체를 포장해 나중에 찾을 곳으로 미리 보내놓는 것이 유리하다.

② 도보 시 필요한 짐이 많을 경우-배낭을 다음 목적지까지 배송해주는 업체 서비스를 이용(짐당 5~7유로, 무게 15kg 이하)해 알베르게 도착 시 필요한 짐(침낭, 의류, 슬리퍼, 세면도구 등)을 정리해 배송한다. 알베르게에 비치된 운송업체 봉투에 목적지 정보(마을 및 알베르게 이름), 발송자 정보사항(성명, 연락처)을 적고 봉투 내부에 운송비를 넣은 후 배낭에 부착한다.

산티아고 순례길 인솔자 동행 프로그램에서는 본인이 짐을 메고 다닐 분은 사전에 짐을 최대한 줄이고 체력을 유지한다. 연령이 높거나 체력이 부족한 분은 인솔자에게 짐을 다음 알베르게까지 부쳐 달라고 요청한다. 짐 1개(15kg 미만) 1회 이용 비용은 약 5~7유로다.

•짐 이동 서비스를 받으면 수월한 구간

생 장 피드포트 St.Jean Pied de Port → **론세스바예스** Roncesvalles :
도보 여정 첫날로 몸이 적응하기 전이라 더 힘든 피레네 산맥을 넘는 코스.

팜플로나 Pamplona → **푸엔테 라 레이나** Puente la Reina :
페르돈 언덕을 넘는 힘든 코스.

폰세바돈 Foncebadon → **폰페라다** Ponferrada :
산의 철십자가를 지나 가파른 내리막길을 내려오는 힘든 코스.

비야프랑카 델 비에르소 Villa Franca del Bierzo → **오 세브레이로** O Cebreiro :
갈리시아 지방으로 진입하기 위한 가파른 오르막길을 올라가는 마지막
힘든 코스.

산티아고 순례길 Q&A

• 도시 간 대중교통(버스) 이용이 가능한 구간

① **생 장 피드포트** St. Jean Pied de Port → **론세스바예스** Roncesvalles:
버스 약 35분

② **팜플로나** Pamplona → **푸엔테 라 레이나** Puente la Reina: 버스 약 25분

③ **푸엔테 라 레이나** Puente la Reina → **에스테야** Estella: 버스 약 25분

④ **에스테야** Estella → **로스 아르코스** Los Arcos: 버스 약 25분

⑤ **로스 아르코스** Los Arcos → **로그로뇨** Logrono: 버스 약 35분

⑥ **로그로뇨** Logrono → **나헤라** Najera: 버스 약 30분

⑦ **나헤라** Najera → **산토 도밍고 데 칼사다** Santo Domingo de Calzada:
버스 약 20분

⑧ **산토 도밍고 데 칼사다** Santo Domingo de Calzada → **벨로라도** Belorado:
버스 약 25분

⑨ **벨로라도** Belorado → **부르고스** Burgos: 버스 약 45분

⑩ **부르고스** Burgos → **레온** Leon: 버스 약 2시간 10분

⑪ **레온** Leon → **산 마르틴 델 카미노** San Martin del Camino: 버스 약 25분

⑫ **산 마르틴 델 카미노** San Martin del Camino → **아스토르가** Astorga:
버스 약 25분

⑬ **아스토르가** Astorga → **폰페라다** Ponferrada: 버스 약 45분

⑭ **폰페라다** Ponferrada → **비야프랑카 델 비에르소** Villafranca del Bierzo:
버스 약 25분

⑮ **트리아카스텔라** Triacastela → **사리아** Sarria: 버스 약 30분

⑯ **사리아** Sarria → **포르토마린** Portomarin: 버스 약 25분

⑰ **팔라스 데 레이** Palas de Rei → **멜리데** Melide: 버스 약 15분

⑱ **멜리데** Melide → **아르수아** Arzua: 버스 약 15분

⑲ **아르수아** Arzua → **산티아고 데 콤포스텔라** Santiago de Compostela:
버스 약 35분

✚ 1일 코스(20~30㎞) 버스 요금은 약 2~4유로
✚ 중간에 거쳐가는 도시가 있기 때문에 도보 시 소요시간과 버스 이동시간이
비례하지 않는다.

Q 인솔자와 함께하는 프로그램은? (일정 및 가격)

인솔자 동행 프로그램은 해외에서 장기간 보내기가 낯선 분, 언어소통이 불편하고나, 알베르게 예약 및 이용, 배낭 배송 서비스가 미숙한 분들을 도와주며, 완주는 하고 싶은데 800km를 걸을 수 있을지 고민되는 분, 혼자 갈 엄부가 나지 않는 분들을 위한 프로그램이다. 걷기만 집중할 수 있어 완주 확률이 높고 선호도가 가장 좋다.

인솔자 동행 산티아고 순례길 800km 40일 – 409만원(2025년 봄, 가을 출발)
인솔자 동행 산티아고 순례길 250km 17일 – 625만원(2025년 봄, 가을 출발)
예약 문의 : 린투어(02-777-3006), 하나투어 및 전국여행사

Q 안전한가?

산티아고 순례길은 4월부터 10월까지 많은 분들이 방문하기 때문에 안전하다. 한적하고 외진 숲일은 혼자 걷지 마시고 다른 일행들과 함께 지나간다. 소매치기, 강도의 피해가 있다고 하지만 지금까지 인솔자 동행 순례길에서는 피해사례가 없다.

Q 지도범례

성당	예배당	십자가	알베르게	호텔	바르 (카페테리아)	병원
관광안내소	유적지	식수	버스터미널 (정거장)	공항	기차역	지점과 지점 km표시
추천길	대체길	대체길	우회길	흙길	고속도로	국도/지방도
철도	국경선	강/개천	호수	숲	고개	마을

Q 무엇을 먹을까?

빠에야

가스파초

칼도가예고

깔라마리

뽈뽀

보카디요

엠빠나다

토르티야데파타타스

에스토파도데떼르네라

파타타스브라바스

하몬

32구간 세부 정보
(구간별 지도와 고도, 알베르게 정보)

별이 지나가는 길을 따라 바람이 지나가는 곳.

Donde se cruza el cammino del viento con
el de las Estrellas.

32구간 약 800km

1day

1구간. 생 장 피드포트 ↑ 론세스바에스 고도

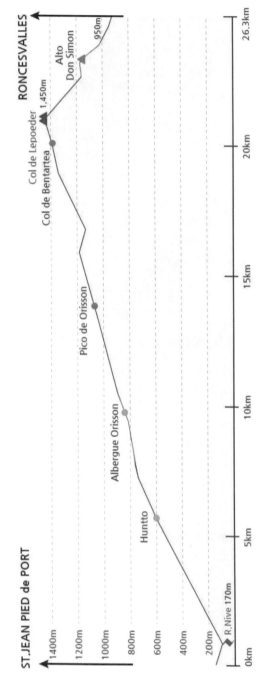

ST.JEAN PIED de PORT

RONCESVALLES

Col de Lepoeder
Col de Bentartea

1,450m

Alto
Don Simon

950m

Pico de Orisson

Albergue Orisson

Huntto

R.Nive 170m

1400m
1200m
1000m
800m
600m
400m
200m

0km 5km 10km 15km 20km 26.3km

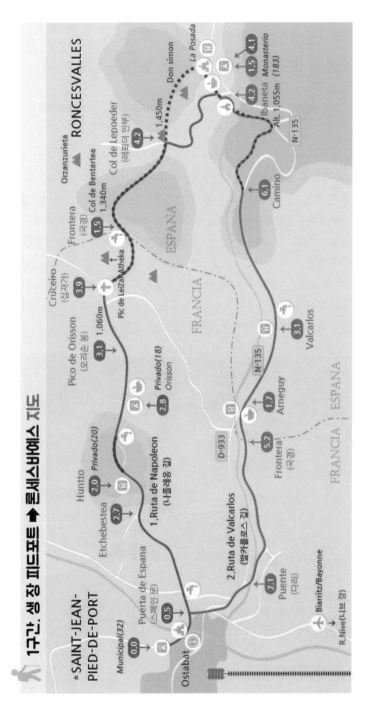

1구간. 생 장 피드포트 ➡ 론세스바예스 지도

*SAINT-JEAN-PIED-DE-PORT

RONCESVALLES

Municipal(32)
0.0
Ostabat

Puerta de Espana
(스페인 문)
0.5

Biarritz/Bayonne

R. Nive(나브 강)

Puente
(다리)
2.1

2.Ruta de Valcarlos
(발카를로스 길)

1.Ruta de Napoleon
(나폴레옹 길)

Etchebestea
2.7

Huntto
2.0
Privado(20)

Privado(18)
Orisson
2.8

Frontera
(국경)
5.2

Arneguy
1.7

D-933

N-135

Valcarlos
3.1

Camino
6.1

N-135

Pico de Orisson
(오리손 봉)
3.1 1.060m

Pic de Leiza Atheka

Cruceiro
(십자가)
3.9

Frontera
(국경)
1.5 Col de Bentartea
1.340m

FRANCIA

ESPANA

FRANCIA · ESPANA

Col de Lepoeder
(레포더 언부)
4.2

1.450m

Orzanzunieta

Don simon

La Posada

Ibaneta Monasterio (183)
1.5 4.1

4.2

Ibaneta
Alt. 1,055m
4.2

🚶 1구간.
생 장 피드포트 ➡ 론세스바예스 26.3km (24.8km)

생 장 피드포트   운토   오르손   론세스바예스

◈ 구간포인트

산티아고 순례길에서 가장 힘든 구간 중 하나인 피레네 산을 넘는 코스다. 생 장 피드포트까지 장거리 이동 및 시차적응 문제로 피로감이 몰려오겠지만 산티아고 순례길에 첫 발을 내디딘다는 기대감과 흥분으로 피레네 산의 오르막길과 내리막길을 무리하게 걷다보면 자칫 순례길 전체를 망칠 수 있다. 운토, 오르손 알베르게, 오르손 봉, 십자가(15km 지점), 레푀더 안부(20.7km)에서 간식을 먹으며, 충분한 휴식을 취한 뒤 천천히 오르막길을 걷는 게 좋다. 뢰페더 안부부터 론세스바예스로 이어지는 경사도 심한 내리막길은 미끄러져 부상을 당하는 경우가 많으므로 특히 주의해야 한다.

생 장 피드포트 Saint Jean Pied de Port → 운토 Huntto `5.2km`

순례자 사무소, 교구교회를 지나 니브 강의 다리를 건너면 스페인문Puerta de Espana이 나온다. 스페인 문에서 나폴레옹 길(직진)과 발까를로스 길(오른쪽의 D-933도로로 이동)로 갈라진다. 나폴레옹 길Route de Napolean을 선택해 직진하면 GR 표시와 카미노 안내 표지판을 참고해서 계속 완만한 포장길을 따라 걷는다. 지나가는 차량들이 제법 많아 안전상 좌측보행은 필수다. 에체스테아Etchebestea부터 운토까지 경사도 높은 포장 오르막길을 걸어 Bar에서 휴식을 취한다.

운토 Huntto → 오리손 알베르게 Orisson albergue (2.8km) `8km`

운토를 지나면 흙길(직진)과 포장길(오른쪽)의 갈림길에서 흙길을 선택해 오르막길을 걷다보면 포장길과 만나고, 전망대와 식수대를 지난다. 아스팔트길을 따라서 오리손 알베르게에 도착하면 간식을 섭취하고 수통에 물을 채운다.

오리손 알베르게 Orisson Albergue → 오리손 봉 Pico de Orisson (3.1km) `11.1km`

완만한 아스팔트 오르막길을 걸어 오리손 봉(고도 1,060m)에 도착하면 왼쪽에 돌무더기 언덕 위에 성모 마리아상이 보인다.

오리손 봉 Pico de Orisson → 십자가 Cruceiro (3.9km) `15km`

완만한 아스팔트길을 따라가다 갈림길에서 D-128길(아르네기 방향)에 올라 계속 직진하면 십자가 있는 흙길인 갈림길에 도착한다. 안개가 자주 끼는 구간이라 십자가 지점에서 흙길로 올라가는 길을 놓치는 경우가 많으므로 우측의 흙길 도보 표지판을 유심히 확인해야 한다.

십자가 Cruceiro → 레푀더 안부 Col de Lepoeder (5.7km) `20.7km`

오른쪽으로 나있는 흙길 오르막으로 들어서면 브라질 순례자 묘지가 보인다. 레이자 아테카봉Pic de Leizar Atheka을 둘러서 좀 더 흙길을 걸으면 롤랑의 샘과 스페인 국경이 나온다. 스페인 나바라 주 안내표지판이 스페인에 들어왔음을 알려주고, 폐허가 된 고대 국경초소를 지나 산림숲과 관목 사이로 난 오르막길을 따라 정상으로 오른다. 레푀더 안부(고도 1,450m)로 가는 관목 오르막길 전에 있는 무인대피소에서 잠시 휴식을 취하는 게 페이스 조절에 좋다.

레푀더 안부 Col de Lepoeder

→ 론세스바예스 Roncesvalles (4.1km 혹은 5.6km) `24.8km 혹은 26.3km`

레푀더 안부에선 론세스바예스 수도원과 부르구에테Burguete 마을이 내려다 보인다. 여기서부터는 경사가 큰 내리막길이므로 미끄러지지 않도록 특히 주의를 기울이고, 무릎이 좋지 않은 순례자는 보호대를 착용하는 게 좋다. 레푀더 안부를 지나 내리막길은 두 가지 루트가 선택 가능하다. 오른쪽의 아스팔트 내리막길(경사가 덜해 미끄러질 염려가 없어 상대적으로 안전한 길 - 생 장 피드포트의 순례자 사무실 추천 루트)과 직선 흙길 내리막길(경사도가 크지만 거리가 상대적으로 짧은 너도밤나무 숲길로 돈 시몬Don Simon언덕을 지남)이 있다. 힘든 오르막길을 올라온 상태라 체력적으로 많이 지쳐 있는 상태이므로 안전한 오른쪽 내리막 포장길을 추천한다. 아스팔트 내리막길을 내려오면 4.1km 지점에 샤를마뉴 대제와 롤랑의 전설이 있는 이바네타 지역의 예배당이 나온다. 이곳에서 N-135 국도를 따라가지 않도록 화살표 방향에 주의해야 한다. 여닫이문을 지나 흙길로 론세스바예스까지 1.5km를 더 걸어야 한다.

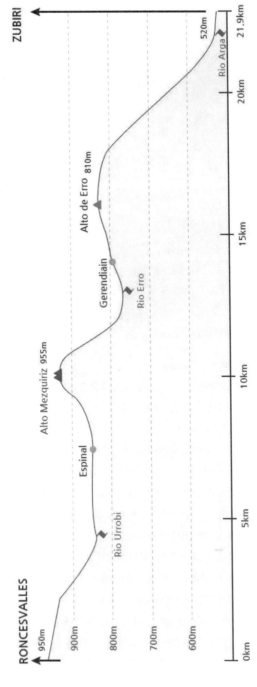

2day

2구간. 론세스바예스 ← 수비리 고도

ZUBIRI

520m

21.9km

Rio Arga

20km

Alto de Erro 810m

15km

Gerendiain

Rio Erro

Alto Mezquiriz 955m

10km

Espinal

Rio Urrobi

5km

RONCESVALLES

950m

900m

800m

700m

600m

0km

2구간. 론세스바예스 ← 수비리 지도

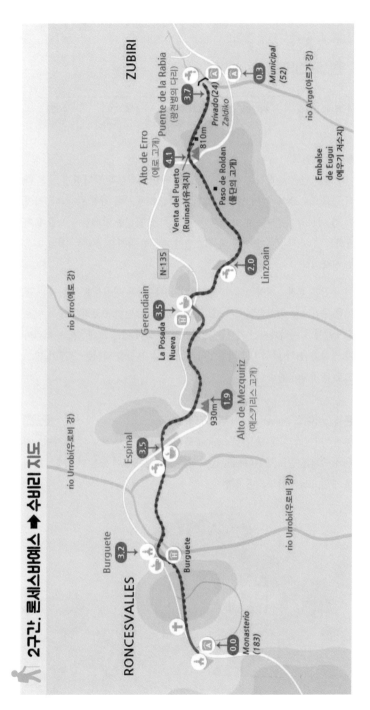

ZUBIRI

Municipal (52) 0.3

rio Arga(아르가 강)

Puente de la Rabia (광견병의 다리)

Privado(24) Zaldiko 3.7

Embalse de Eugui (에우기 저수지)

Alto de Erro (에로 고개) 4.1
810m

Venta del Puerto (Ruinas)(유적지)

Paso de Roldan (롤단의 고개)

rio Erro(에로 강)

N-135

Linzoain 2.0

Gerendiain 3.5

La Posada Nueva

Alto de Mezquiriz (메스키리스 고개) 1.9
930m

Espinal 3.5

rio Urrobi(우로비 강)

Burguete 3.2

Burguete

RONCESVALLES

Monasterio (183) 0.0

rio Urrobi(우로비 강)

🚶 2구간.
론세스바예스 ➡ 수비리 21.9km

론세스바예스 　　부르게테 　　헤렌디아인 　　에로 고개 　　수비리

◆ 구간포인트

피레네를 넘은 순례자는 힘든 구간을 극복한 자신감과 단단하게 뭉친 다리 근육으로 인해 앞의 일정에 대한 불안감을 동시에 가질 수 있다. 하지만 긴 여정의 초반이므로 매일 걷는 것과 다소 불편한 알베르게 생활에 적응하는 것이 우선이다. 천천히 걸으면서 충분한 휴식을 취하는 것이 최선의 선택이다.

이 구간은 론세스바예스에서 린소아인까지는 작은 마을들을 지나가는 평이한 구간으로 린소아인에서 에로 고개까지는 완만한 오르막길이다. 에로 고개에서 수비리까지는 가파른 내리막길로, 특히 에로 고개에서 수비리까지 경사가 심한 바위 내리막길이다. 미끄러져 부상을 당하는 경우가 많으므로 주의해야 한다.

론세스바예스 Roncesvalles → 부르게테 Burguete　3.2km

론세스바예스의 라 포사다La Posada를 지나서 N-135 도로 옆의 카미노길을 선택해 숲길로 걷는다 숲길을 나와 부르게테 마을에 있는 마트에서 간식을 구입, Bar에서 휴식을 취한다.

부르게테 Burguete → 헤렌디아인 Gerendiain (8.9km)　　`12.1km`

부르게테 마을을 관통하는 포장길은 좁아서 지나가는 차량에 주의해야 한다. 산탄데르 은행 전에서 오른쪽으로 돌아 우로비 강의 다리를 건너면 목장을 지나가는 흙길로 들어간다. 목장길 끝에서 다시 만난 우로비 강을 건너 오르막을 오르면 에스피날Espinal로 이어지는 포장길을 걷는다. 에스피날 초입 식수대에서 수통에 부족한 물을 채운다. 에스피날 마을길을 따라가다가 왼쪽 오르막 언덕으로 올라가면 너도밤나무 숲이 나오고, 이내 메스키리스 고개Alto de Mezquiriz에 도착한다. 메스키리스 고개부터 내리막 흙길 및 포장길이 이어진다. 내리막길이 N-135를 다시 만나는 지점에서 징검다리로 에로 강을 건너 헤렌디아인으로 들어간다. 헤렌디아인의 Bar에서 휴식을 취하면서 곧 이어지는 오르막길에 대비한다.

헤렌디아인 Gerendiain → 에로 고개 Alto de Erro **(6.1km)** `18.2km`

헤렌디아인 마을 끝의 작은 가게를 지나 숲길로 들어가 N-135를 건너면
린소아인으로 길은 이어진다. 린소아인Linzoain의 펠로타 경기장을 지나 오
르막길을 올라가면 숲길이 나오고 이는 롤단 고개Paso de Roldan를 따라 에
로 고개(고도 930m)로 이어진다. 에로 고개에서 N-135를 건널 때 차량에
주의해야 한다.

에로 고개 Alto de Erro → 수비리 Zubiri **(3.7km)** `21.9km`

전체적으로 가파른 내리막길이다. 초반 숲길을 지나가면 미끄러운 바위 내
리막길로 이어지는 데 무릎 부상에 주의해야 한다. 내리막길이 끝나는 지
점에서 아르가 강Rio Arga을 만나고, 광견병의 다리Puente de ra Rabia를 건
너 수비리로 들어간다.

3구간. 수비리 ➡ 팜플로나

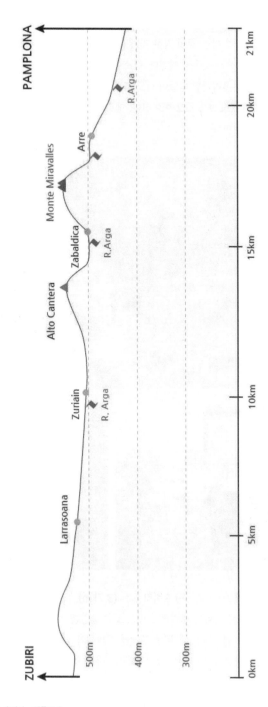

ZUBIRI

Larrasoana

Zuriain
R. Arga

Alto Cantera

Zabaldica
R.Arga

Monte Miravalles

Arre
R.Arga

PAMPLONA

500m
400m
300m

0km 5km 10km 15km 20km 21km

*PAMPLONA

Plaza de Toros(투우장)

Plaza Castillo(카스티요 광장)

Catedral(성당)

Puente Magdalena(막달레나 다리)

Asociacion(114)
Jesus y Maria

3.5

Burlada

1.9

Municipal(60)

Monte Miravalles
(미라바예스 산)

Villalva

3.6

Parroquial(41)
Trinidad de Arre

Tunel(터널)

N-121

Arleta

Monte Nerval
(네르발 산)

rio Ulzama(울사마 강)

rio Arga(아르가 강)

Iroz

cantera(채석장)

Zabaldika

3.0

Zuriain

4.3

N-135

Akerreta

Puente(다리)

Ezkirotz

5.5

Municipal(58)
LARRASOANA

0.3

Privadol(24) Zaldiko

Fabrica(공장)

Illarratz

0.0

ZUBIRI

🚶 3구간.
수비리 ➡ 팜플로냐 21km

수비리   라라소아나   수리아인   트리니다드 데 아레   팜플로냐

◆ 구간포인트

나바라의 주도인 팜플로냐로 들어가는 전체적으로 평이한 구간이다. 하지만 팜플로냐 초입이자 교외지역인 비야바 지역부터 카미노 화살표와 알베르게 표시를 잘 확인해야 정확하고 안전하게 대성당이 있는 구시가지로 진입할 수 있다.

팜플로냐 시내의 카미노길 표시는 보도블록, 가로등 기둥 혹은 가로수에서 찾을 수 있으며 차량과 행인들이 북적거리는 도로에서는 소지품 분실 및 차량에도 주의해야 한다. 팜플로냐는 산 페르민 축제(7월 6일~14일. 소몰이 경주로 유명), 대성당, 박물관으로 유명하며 헤밍웨이가 자주 들렸다는 이루나 카페와 투우장도 들러볼 만하다.

수비리 Zubiri → 라라소아나 Larrasoana   `5.5km`

광견병의 다리를 다시 건너 아르가 강 계곡을 따라 N-135를 내려다보며 오스테리츠, 마그네슘 공장(화살표 방향에 주의), 일라라츠Illarratz, 에스키로츠Ezkirots를 지나 라라소아나로 들어가는 다리와 만난다. 라라소아나에는 휴식을 취할 수 있는 Bar가 있다.

라라소아나 Larrasoana → 수리아인 Zuriain (4.3km)   `9.8km`

라라소아나 다리에서 오르막길을 따라 언덕 위 아케레타Akerreta에 다다르면 이내 내리막길을 따라 수리아인 다리를 건넌다. 수리아인 다리를 건너 Bar에서 휴식을 취하는 것이 좋다.

수리아인 Zuriain → 트리니다드 데 아레 Trinidad de Arre (6.6km) `16.4km`

수리아인에서 만나는 N-135를 0.6km쯤 따라가다 왼쪽 이유르도츠 방향으로 걷는다. N-135를 따라가는 구간은 대형 차량이 많이 지나는 곳이므로 가급적 아스팔트길 옆의 흙길로 걷는 것이 안전하다. 아르가 강의 다리를 다시 건넌 후, 오른쪽 이로츠 방향으로 진행해 채석장을 지나면 이로츠 마을에 도착한다. 이로츠Iroz 마을에서 다시 내리막길을 따라 내려오면 중세 다리를 건넌다.

① 강변을 따라서 나있는 왼쪽 포장길을 따라가다 N-135를 건너서 네르발 산Monte Nerval 기슭으로 올라간다.

② 사발디카를 지나 N-135를 건너서 네르발 산 기슭으로 올라간다. 다리를 건너 위 두 가지 루트가 가능하며 네르발 산 기슭을 따라가다가 N-121 아래 지하도를 통과해 미라바예스 산 기슭을 지나면 울사마Rio Ulzama 강을 건너는 큰 중세의 다리를 만난다. 이곳이 팜플로냐 초입이자 교외지역인 비야바이며, 트리니다드 데 아레 수도원 알베르게가 있다.

트리니다드 데 아레 Trinidad de Arre → 팜플로냐 Pamplona (4.6km) `21km`

트리니다드 데 아레의 중세 다리를 건너 팜플로냐 교외지역인 비야바Villalva, 부를라다Burlada의 시가지를 걷는다. 정원용품 마트를 지나 까미노 부를라다를 따라 걸으면 막달레나 다리Puente Magolalena를 통해 아르가 강을 건넌다. 오른쪽으로 보이는 도시 성벽을 따라 돌아서 프랑스 문을 통해 팜플로냐 구시가지로 진입하고 카예 카르멘Calle Carmen을 따라 직진하면 오거리가 나온다. 오거리에서 왼쪽 카예 쿠리아Calle Curia는 팜플로냐 대성당과 세수스 이 마리아Jesus y Maria 알베르게로 가는 길이며, 오른쪽 카예 메르카데레스CalleMercaderes는 팜플로냐 구 시가지를 통과하는 순례길이다.

4구간. 팜플로나 ➡ 푸엔테 라 레이나 고도

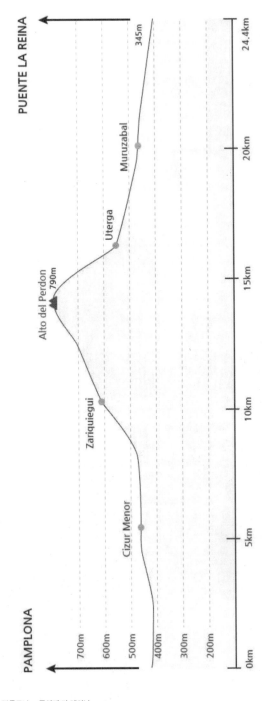

PUENTE LA REINA

PAMPLONA

Alto del Perdon
790m

Muruzabal

Uterga

Zariquiegui

Cizur Menor

345m

700m
600m
500m
400m
300m
200m

0km 5km 10km 15km 20km 24.4km

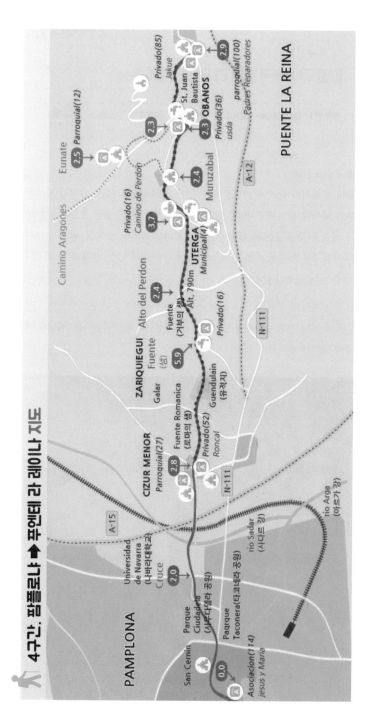

4구간. 팜플로나 ⬅ 푸엔테 라 레이나 지도

PAMPLONA

San Cernin
Asociacion(114)
jesus y Maria
0.0

Paqrque
Taconera(타코네라 공원)
Parque
Ciudadela
(시우다델라 공원)

rio Sadar
(사다르 강)

rio Arga
(아르가 강)

Universidad
de Navarra
(나바라대학교)
Cruce
2.0

A-15

A-12

CIZUR MENOR
Parroquial(27)
2.8
Fuente Romanica
(로마의 샘)
Privado(52)
Roncal

N-111

ZARIQUIEGUI
Fuente
(샘)
Galar
5.9
Guendulain
(유적지)

Alto del Perdon
Fuente
(거부의 샘)
2.4

Alt. 790m
UTERGA
Municipal(4)
Privado(16)

N-111

Camino Aragones

Privado(16)
Camino de Perdon
3.7

Muruzabal
2.4

Eunate
Parroquial(12)
2.5

2.3

Privado(85)
Jakue

St. Juan
Bautista
OBANOS
2.3
Privado(36)
usda

parroquial(100)
Padres Reparadores
2.9

PUENTE LA REINA

4day

🚶 4구간.
팜플로냐 ➡ 푸엔테 라 레이나 24.4km

●------●------●------●------●------●------●------●
팜플로냐   시수르 메노르   사리키에기   페르돈 봉   우테르가   오바노스   푸엔테
                                                                라 레이나

◆ 구간포인트

풍력 발전기와 순례자 기념물(쇠로 만든 중세순례자 상)로 유명한 페르돈 봉을 넘어야 하는 구간이다. 경작지 사이로 난 그늘이 없는 오르막길을 따라 페르돈 봉을 오르면 뒤쪽에는 팜플로냐의 경관이 보이고, 앞쪽에 보이는 구불구불한 길을 따라 우테르가, 무르사발, 오바노스, 푸엔테 라 레이나가 한 눈에 내려다 보인다.

모래와 자갈이 섞인 페르돈 봉의 내리막길은 무릎보호대와 스틱을 사용해 발목이 삐는 것을 예방하는 것이 좋다. 푸엔테 라 레이나는 교구성당과 여왕의 다리를 들러볼 만하다.

58 | 4구간. 팜플로냐→푸엔테 라 레이나

팜플로냐 Pamplona → 시수르 메노르 Cizur Menor `4.8km`

팜플로냐 시청 앞으로 난 순례길을 따라 구시가지를 빠져나가면 타코네라 공원, 시우다델라 공원을 지나서 나바라 대학교 캠퍼스에 다다른다. 사다르 강의 보행자 다리, 철길과 A-15 고속도로를 건너 오르막길을 따라 시수르 메노르에 도착한다.

시수르 메노르 Cizur Menor → 사리키에기 Zariquiegui (5.9km) `10.7km`

시수르 메노르를 지나면 사리키에기 마을까지 연결되는 경작지 사이로 난 길로 이어진다. 흙길을 따라 오르다보면 웅덩이가 있는 숲에 도착하고, 이곳에서 잠시 젠둘라인 유적지(카미노 길에서 오른쪽으로 벗어나서 위치)를 둘러볼 수 있다. 흙길 오르막을 계속 걸으면 공동묘지 옆을 지나 Bar와 식수대가 있는 사리키에기에 도착한다.

사리키에기 Zariquiegui → 페르돈 봉 Alto del Perdon (2.4km)　13.1km

풍력 발전기가 있는 페르돈 봉을 향해 가파른 오르막길을걷는 구간으로 비가 올 경우에는 미끄럽고 진창이 되는 흙길로 걸을 때 주의해야 한다. 거부의 샘을 지나 페르돈 봉(고도 790m)에 오르면 서쪽을 향해 머리를 돌리고 있는 철제 순례자상이 눈에 띈다.

Donde se cruza el cammino del viento con el de las Estrellas.

'별이 지나가는 길을 따라 바람이 지나가는 곳'이라는 문구가 인상적이다.

페르돈 봉 Alto del Perdon → 우테르가 Uterga (3.7km)   `16.8km`

페르돈 봉에서 앞으로 지날 마을들을 내려다 보며 자갈과 모래가 섞여 있는 내리막길을 걷는데 발목이 삐는 것에 주의해야 한다. 내리막 끝자락을 지나면 포도밭, 아몬드 밭 사이로 난 길을 따라 우테르가로 들어간다.

우테르가의 카미노 델 페르돈 알베르게의 Bar에서 스파게티 간식과 함께 휴식을 취할 수 있다.

우테르가 Uterga → 오바노스 Obanos (4.7km)   `21.5km`

우테르가에서 내려다 보이는 무르사발로 흙길을 따라 걷는다. 무르사발에는 에우나테로 가는 길(왼쪽편으로 화살표)과 오바노스로 가는 길(주도로를 따라 직진 후 오른쪽 오솔길 방향)로 갈라진다. 무르사발에서 오솔길을 따라 내려가다가 지하도를 지나서 다시 오바노스로 올라간다. 오바노스에서 세례자 산 후안 성당을 둘러보고 Bar에서 휴식을 취한다.

오바노스 Obanos → 푸엔테 라 레이나 Puente la Reina (2.9km) `24.4km`

오바노스에서 가파른 언덕길을 내려오면 NA-6064를 건너게 되는데, 지나
가는 차량에 주의한다. 오솔길을 따라 푸엔테 라 레이나 초입의 하쿠에Jakue
호텔에 이르면 NA-1110의 옆길을 따라 구시가지로 들어간다.

푸엔테 라 레이나는 산티아고 성당, 새의 성모 마리아상이 있는 산 페드로
아포스톨 성당, 레이나 다리(왕비의 다리)가 유명하다. 레이나 다리(왕비
의 다리)라는 이름은 물살이 센 아르가 강을 건너는 순례자들의 안전을 위
해 산초 3세의 부인이 로마네스크 양식의 아름다운 다리를 만들어 준 것에
서 유래됐다.

5구간. 푸엔테 라 레이나 ➡ 에스테야 고도

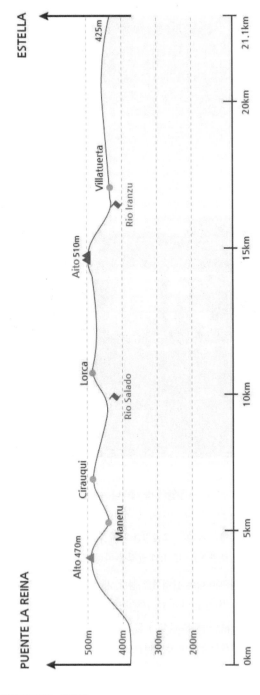

PUENTE LA REINA

ESTELLA

Alto 470m

Maneru

Cirauqui

Lorca

Alto 510m

Villatuerta

425m

Río Salado

Río Iranzu

500m
400m
300m
200m

0km　5km　10km　15km　20km　21.1km

5구간. 푸엔테 라 레이나 → 에스테야 지도

PUENTE LA REINA

parroquial(100)
Padres Reparadores
0.0

Convento Comendadoras
del Espiritu Santo(수도원)

Monasteio Bogota
[보고타 수도원(유적지)]

MANERU
5.0

CIRAUQUI
Privado(32)
Maralotz
2.8

rio Arga(아르가 강)

Privado(100)
Santiago Apostol

N-111

A-12

Parroquial(12)

Urbe
[우르베(유적지)]

rio Salado(살라도 강)

Fuente
(샘)

LORCA
Privado(40)
La Bodega del Camino
5.0

Paivadot(14)

Tunel(터널)

Puente Medieval
(중세의 다리)

Novaleta

rio Ega(에가 강)

A-12

Privado
(40)
4.8

VILLATUERTA

N-111

Santo Sepulcro

Municipal(96)
3.5

*ESTELLA

rio Iranzu(이란수 강)

산티아고 순례길 가이드북 | 67

🚶 5구간.
푸엔테 라 레이나 ➡ 에스테야 21.1km

| 푸엔테 라 레이나 | 마네루 | 시라우키 | 로르카 | 비야투에르타 | 에스테야 |

◆ **구간포인트**

초반 마네루로 가는 경사도 심한 오르막길이 다소 힘든 구간이지만 시라우키, 로르카, 비야투에르타 마을을 지나는 오솔길은 포도밭과 경작지 사이로 나있어 한적한 분위기를 즐길 수 있다. 에스테야에서는 산 페드로 성당, 카스티요의 십자가, 박물관 등이 들러볼 만하며 푸에로스 광장과 산티아고 광장에 괜찮은 식당과 Bar가 여러 개 있다.

푸엔테 라 레이나 Puente la Reina → 마네루 Maneru `5km`

카예 마요르를 따라 푸엔테 라 레이나를 벗어나면 레이나 다리를 통해 아르가 강Rio Arga을 건넌다. 왼편에 있는 N-111을 건너가 화살표 방향으로 직진하면 비포장길이 나오고, 이 길을 따라 걷다가 오른쪽 가파른 언덕을 올라간다. 언덕 끝에서 N-111을 다시 만나고 내리막길을 통해 마네루을 걷는다.

마네루 Maneru → 시라우키 Cirauqui (2.8km) `7.8km`

마네루의 묘지를 지나 올리브 밭과 포도밭 사이로 난 오솔길을 따라 멀리 중세풍의 시라우키를 보며 걷는다. 시라우키에 들어오면 구불구불한 포장 오르막길을 따라 마을 중심을 걷게 되는데, 마을 초입의 빵가게에 들러 간식을 구매하는 것을 추천한다.

시라우키 Cirauqui → 로르카 Lorca (5km)   `12.8km`

중앙 광장에서 아치문을 통과하고 시라우키를 나서면 내리막길을 따라 로마 다리를 건너 다시 N-111을 만난다. N-111을 건너 한적한 오솔길로 들어서면 화살표를 따라 계속 걷다가 내리막길로 방향을 튼다.

내리막길의 끝에서 A-12 아래 지하도를 지나 N-111를 따라서 직진하다 교차로에서 도로를 건넌다. 살라도 강Rio Salado을 따라 나있는 아스팔트 길 옆을 걸어 수도교를 지난 후 왼쪽 살라도 강으로 진행한다. 중세 돌다리를 통해 살라도 강을 건너 흙길 오르막을 천천히 올라가면 로르카에 들어간다.

한국인 여성이 운영하는 로르카 알베르게(일명 호세의 집: 카예마요르의 오른쪽)의 Bar에서 휴식을 취하기를 권한다.

로르카 Lorca → **비야투에르타** Villatuerta (4.8km) `17.6km`

로르카를 나오면 N-111을 다시 따라가다 왼편의 경작지 사이 오솔길을 걷는다. A-12 아래 지하도를 지나 비야투에르타에 진입하면 초등학교와 이란수 강Rio Irau의 다리를 건넌다.

비야투에르타 Villatuerta → 에스테야 Estella (3.5km) 21.1km

좌측의 성모 승천 성당을 지나서 비야투에르타를 나오면 산 미겔 성당을 우회하는 오솔길을 따라 걷는다. NA-132를 굴다리로 지난 후 내리막길을 내려오면 에가 강의 나무다리를 건넌다. 에스테야 외곽의 포장도로를 따라 산토 세풀크로 성당과 N-111 고가 아래의 굴다리를 지나면 에스테야다.

에스테야는 산 페드로 성당, 카스티요의 십자가, 박물관 등 볼거리, 광장 (푸에로스, 산티아고) 근처의 먹거리, 순례용품 구매, 우체국 이용 등에 편리한 도시다.

▶ 산 마르틴 광장

▶ 산 페드로 성당

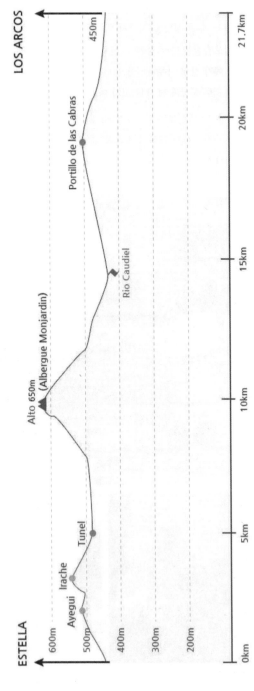

6day

▲ 6구간. 에스테야 → 로스 아르코스 고도

ESTELLA

LOS ARCOS

Ayegui
Irache
Tunel
Alto 650m
(Albergue Monjardin)
Rio Caudiel
Portillo de las Cabras
450m

600m
500m
400m
300m
200m

0km
5km
10km
15km
20km
21.7km

6구간. 에스테야 ➡ 로스 아르코스 지도

*LOS ARCOS

N-111

rio Caudiel(카우디엘 강)

▲▲ Montejurra

Fuente del Pozo

Portillo
de las Cabras
(염소들의 문)

Privado(54)
Casa de Austria 9.3
Municipal(72)
Isaac Santiago

rio Odron(오드론 강)

Cruce
(교차점) 1.8

Cruce
(교차점) 2.8

Luquin 6.1

Fuente de los Moros
(무어인들의 샘)

Privado(25)

Castillo
Alt. 890m

1.5

VILLAMAYOR
de MONJARDIN

3.1

Azqueta

Irache 1.6

Monasterio Irache
[이라체 수도원]
Irache Fuente de Vino
[이라체 와인]
IRACHE 1.3

2.1

Ayegui

Municipal(96)

0.0

ESTELLA

rio Ega(에가 강)

산티아고 순례길 가이드북 | **75**

🚶 6구간.
에스테야 ➡ 로스 아르코스 21.7km

에스테야 — 이라체 와인 샘 — 아스케타 — 비야마요르 데 몬하르딘 — 로스 아르코스

◆ **구간포인트**

목마른 순례자들이 와인으로 목을 축일 수 있는 이라체 와인샘을 지나는 구간이다. 비야마요르 데 몬하르딘으로 가는 언덕길이 다소 힘에 부치지만 높은 곳에서 내려다보는 전망으로 보상을 받는다. 비야마요르 데 몬하르딘을 지나면 탁트인 경작지 사잇길을 걷게 되는데 그늘과 식수대가 별로 없으므로 간식과 물을 미리 준비해두어야 한다.

에스테야 Estella → **이라체 와인 샘** Irache Fuente de Vino ` 3.4km `

카예 루아를 따라 구시가지를 나가서 N-111을 따라 올라가다가 주유소를
지나 길을 건넌다. 아예기Ayegui 주택가에서 화살표 방향에 주의해 걸으면
N-111을 다시 만난다. N-111을 건너 카예 카미노 데 산티아고를 따라 걸
으면 오른쪽에 이라체 와인 샘을 만난다. 이라체 와인 샘의 왼쪽 수도꼭지
는 와인, 오른쪽 수도꼭지는 생수가 나온다.

이라체 와인 샘 Irache Fuente de Vino → **아스케타** Azqueta (4.7km) ` 8.1km `

이라체 수도원을 지나 카예 카미노 데 산티아고를 따라 걸으면 갈림길이
나온다.

> ① 오른쪽 길은 비야마요르 데 몬하르딘Villamayor de Monjardin을 지나
> 9km 도보 후 교차점 만난다.
> ② 왼쪽 길은 루킨Luguin을 지나 7.9km 도보 후 교차점 만난다.

① 번 루트를 택해 걷다가 N-111을 건너면 이라체 마을이다. 호텔 이라체
를 지나 마을을 나가면 소나무 숲길로 이어지고, 숲길을 나오면 고양이 벽화
가 인상적인 아스케타가 보인다. 아스케타의 Bar가 열려 있다면 비야마요
르 데 몬하르딘으로 올라가는 오르막길에 대비해 휴식을 취하는 것이 좋다.

아스케타 Azqueta

→ 비야마요르 데 몬하르딘 Villamayor de Monjardin **(1.5km)** 9.6km

마을을 벗어나 오른쪽 농장건물을 지나면 비야마요르 데 몬하르딘(고도 650m)으로 가는 언덕길을 오르고, 무어인들의 샘Fuente de los Moros을 지나 마을로 들어선다.

성당 첨탑과 함께 몬 하르딘 정상의 성이 멋진 마을 풍경을 만들어 주고 높은 곳에서 내려다보는 주변 경관도 멋진 곳이다. 비야마요르 데 몬하르딘 이후부터는 식수대가 별로 없으므로 간식과 물을 상점이나 Bar에서 미리 준비하는 것이 좋다.

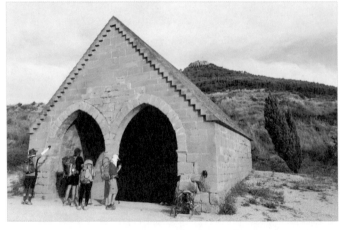

비야마요르 데 몬하르딘 Villamayor de Monjardin

→ **로스 아르코스** Los Arcos **(12.1km)**   `21.7km`

마을을 벗어나 내리막길을 내려오면 A-12와 나란히 이어진 흙길을 따라
걷는다. N-740을 건너 1km 정도 걸으면 왼쪽 A-12 아래의 굴다리를 지나
온 ② 번 루트와 만나는 교차점이다. 교차점부터 포도밭·밀밭길 사이로 난
평이한 시골길을 걷게 되는 데 그늘이 없는 구간이므로 휴식과 수분 섭취
에 주의해야 한다. 평이한 시골길을 따라가면 카우디엘 강Rio Caudiel의 바
우린 우물을 만난다. 우물 왼쪽의 숲길 그늘에서 잠시 휴식을 취한 후 모래
언덕의 염소들의 문을 지나 내리막을 내려오면 로스 아르코스가 나온다. 로
스 아르코스는 내부 장식이 아름다운 산타 마리아 성당과 포르탈 데 카스
티야가 볼 만하다.

7구간. 로스 아르코스 → 로그로뇨 고도

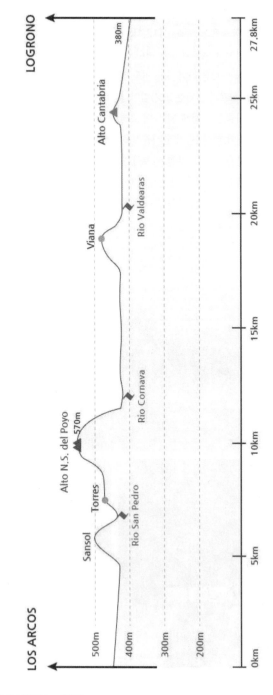

LOGRONO

LOS ARCOS

Sansol
Torres
Alto N.S. del Poyo
570m
Viana
Alto Cantabria
380m

Rio San Pedro
Rio Cornava
Rio Valdearas

500m
400m
300m
200m

0km　5km　10km　15km　20km　25km　27.8km

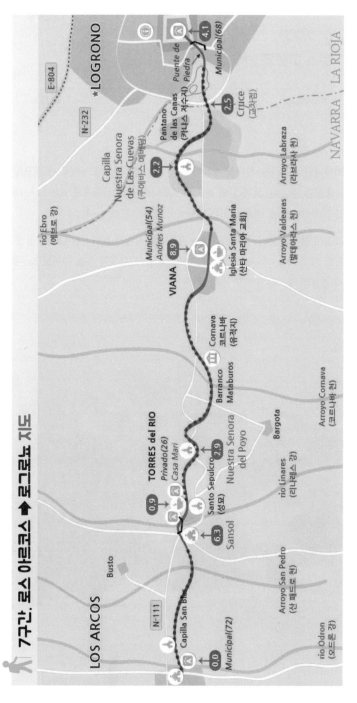

LOGRONO

Municipal(68)
4.1

Puente de Piedra

Municipal

E-804

N-232

Cruce (교차점)
2.5

Pantano de las Canas (카나스 저수지)

NAVARRA : LA RIOJA

Capilla Nuestra Senora de Las Cuevas (누에바스 이에르망)

2.2

rio Ebro (에브로 강)

Arroyo Labraza (라브라사 천)

Municipal(54) Andres Munoz
8.9

Iglesia Santa Maria (산타 마리아 교회)

VIANA

Arroyo Valdearas (발데아라스 천)

Cornava 코르나바 (유적지)

Barranco Mataburos

Arroyo Cornava (코르나바 천)

Bargota

Nuestra Senora del Poyo

TORRES del RIO
Privado(26)
Casa Mari

0.9

Santo Sepulcro (성묘)

2.9

rio Linares (리나레스 강)

6.3

Sansol

LOS ARCOS

Busto

N-111

Arroyo San Pedro (산 페드로 천)

Capilla San Blas

Municipal(72)
0.0

rio Odron (오드론 강)

산티아고 순례길 가이드북 | **83**

🚶 7구간.
로스 아르코스 ➡ 로그로뇨 27.8km

로스 아르코스   토레스 델 리오   비아나   로그로뇨

◆ **구간포인트**

비아나와 로그로뇨 시내를 제외하고는 경작지와 골짜기 사이로 난 비포장 오솔길을 걷는다. 토레스 델 리오와 코르나바 천의 골짜기에 있는 N-111을 교차하는 다소 경사진 길은 보행에 주의해야 한다.

그늘이 많지 않은(특히 비아나에서 로그로뇨 시내로 들어가는 나대지 및 포도밭 지역)다소 긴 구간으로 간식, 생수, 선글라스, 모자 등을 챙기고 Bar에서 충분히 휴식을 취하는 것이 좋다.

로스 아르코스 Los Arcos → 토레스 델 리오 Torres del Rio `10.1km`

마을을 나오면 산 블라스 예배당Capilla San Blas, 변전소를 지나 넓은 경작지 사이로 난 흙길을 따라 걷는다. 새벽에 걷는 경우 노란 화살표 방향에 주의해야 한다. 산 페드로 천Arroyo San Pedro을 지나 만나는 아스팔트 길을 따라 산솔Sansal에 이른다. N-111 도로에 있는 버스정류장을 지나면 앞에 토레스 델 리오 마을Torres del Rio이 보인다. 왼편 계곡으로 내려가 리나레스 강Rio Linares을 건너 토레스 델 리오에 들어선다. 알베르게 카사 마리엘라의 Bar에서 휴식을 취하기를 권한다.

토레스 델 리오 Torres del Rio → 비아나 Viana (8.9km) `19km`

마을 묘지를 지나 흙길 오르막을 걷다가 N-111을 건너 누에스트라 세뇨라 델 포요 예배당Nuestra Senora del Poyo에 도착한다. 앞에 펼쳐진 비아나와 로그로뇨를 바라보며 N-111을 두 번 건너서 내리막길을 따라 코르나바 천 Arroyo Cornava에 도착한다.

코르나바 유적지를 지나 N-111을 건너면 다시 오르막길을 오르게 된다. 오르막길의 끝에 있는 의자에서 잠시 휴식을 취하고 비아나를 보며 N-111의 옆길을 따라 걷는다. 비아나 초입에서 N-111을 다시 건너 오르막길을 오르면 비아나 중심지로 들어간다. 비아나 산타 마리아 성당은 아름다운 외부 조각과 함께 성 야고보 상이 있는 내부장식이 유명하다. 산타 마리아 성당 앞에 있는 Bar에서 휴식을 취한다.

비아나 Viana → 로그로뇨 Logrono (8.8km) 27.8km

비아나를 나와 N-111과 발데아라스 천Arroyo Valdearas을 건너 흙길을 걸으면 그늘이 있는 쉼터 쿠에바스 예배당이 나온다. 라브라사 천Arroyo Labraza을 지나 왼편의 카냐스 저수지Pantano de las Canas를 우회해 육교를 통해 N-111을 건너 도로를 따라 나바라 주와 라 리오하 주의 경계선인 교차점(공업단지)을 걷는다.

순환도로 아래를 지나 포장도로를 따라 칸타브리아 언덕을 오른다. 다시 양쪽 포도밭 사이로 난 내리막길을 따라 걸으면 에브로 강변Rio Ebro에 이른다. 수량이 풍부하다면 강변 수로에 발을 담가 피로를 풀어보기를 권한다.

왼쪽에 보이는 에브로 강을 푸엔테 데 피에드라를 통해 건너 교차로에서 오른쪽 카예 루아비에하를 따라 걷는다. 라 리오하 주의 주도인 로그로뇨는 품질 좋은 와인과 함께 카예 데 산 후안 거리의 타파스 요리로도 유명하다. 타 마리아 데 라 레돈다 대성당도 꼭 들러 보아야 한다.

8구간. 로그로뇨 ← 나헤라 고도

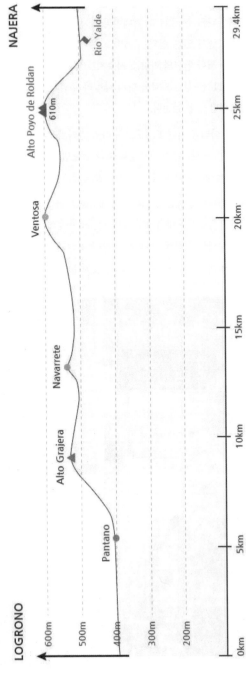

NAJERA

Rio Valde

Alto Poyo de Roldan
610m

Ventosa

Navarrete

Alto Grajera

Pantano

LOGRONO

| 600m | 500m | 400m | 300m | 200m |

| 0km | 5km | 10km | 15km | 20km | 25km | 29.4km |

8구간. 로그로뇨 ➡ 나헤라 지도

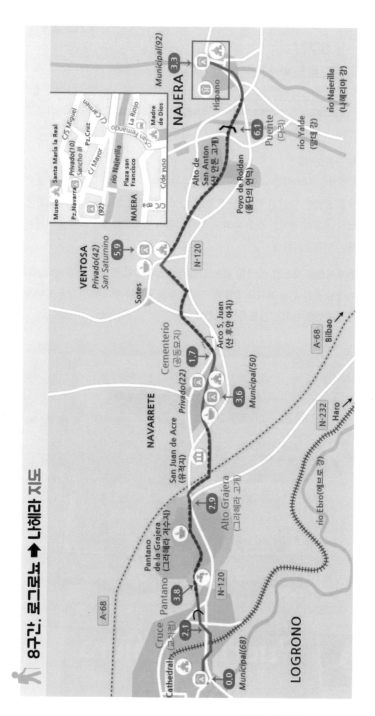

Museo ⋆ Santa Maria la Real
Pz.Navarra Privado(10)
Sancho III
C/S Miguel
Pz.Cruz
C/ Carmen
La Rioja
Madre de Dios
C/ Mayor
C/ San Fernando
rio Najerilla
NAJERA
Plaza san Francisco
(92) 🅰
C/ Cepa
C/de yuso

NAJERA
Municipal(92) 3.3 🅰 ♿
🏨 Hispano
rio Najerilla (나헤리야 강)
Puente (다리) 6.1
rio Yalde (얄데 강)
Alto de San Anton (산 안톤 고개)
Poyo de Roldan (롤단의 언덕)

VENTOSA
Privado(42) 5.9 🅰 ♿
San Saturnino
Sotes
N-120

Cementerio (공동묘지) 1.7
Arco S. Juan (산 후안 아치)
Privado(22) 🅰 ♿
Municipal(50) 3.6 🅰 ♿

NAVARRETE
San Juan de Acre (유적지) 🏛
Alto Grajera (그라헤라 고개) 2.9

A-68
Bilbao
rio Ebro(에브로 강)
N-232
Haro
A-68
N-120

Pantano de la Grajera (그라헤라 저수지) 3.8 ♿
Cruce Pantano (교차로) 2.1
N-120

LOGRONO
Cathedral (대성당) 🅰
Municipal(68) 0.0 🅰

산티아고 순례길 가이드북 | **91**

🚶 8구간.
로그로뇨 ➡ 나헤라 29.4km

로그로뇨 —————— 그라헤라 저수지 —————— 나바레테 —————— 벤토사 —————— 나헤라

◆ 구간포인트

로그로뇨 시가지를 나오면 N-120의 주변길을 따라 그라헤라 고개의 오르막을 오르는 구간이 다소 힘에 부친다. 하지만 이후부터는 나바레테와 벤토사 마을이 평이한 길을 따라 적절한 거리에 있어 Bar에서 휴식을 취하기에는 안성맞춤이다.

전체적으로 포도밭 사이를 걷는 길이라서 시골길의 풍치도 느낄 수 있다. 다만 순례길 위의 화살표 방향에 주의해 길을 잃거나 벤토사 마을을 지나쳐 휴식장소를 놓치지 않도록 주의한다.

로그로뇨 Logrono → 그라헤라 저수지 Pantano de la Grajera `5.9km`

카예 루아비에하를 지나 산티아고 레알 성당이 있는 카예 바리오세포를 따라 구시가지를 빠져나온다. 신시가지의 교차로에서 카예 마르케스 데 무리에타를 따라 계속 직진하다가 카예 두케스 데 나헤라를 만나면 왼쪽으로 방향을 틀어 산 미겔 공원이 왼쪽에 나올 때까지 걷는다.

산 미겔 공원을 가로질러 철길 위 다리와 공원 다리를 건너서 공원 끝의 카예 알폰소 6세 도로에 다다르면 왼쪽 대각선 공원길로 건너간다. 공원길을 따라 걷다가 왼쪽 지하도로 N-120을 건넌다. 이후부터는 콘크리트 포장길을 따라 공원과 소나무 숲을 지나 그라헤라 저수지와 휴식공원(저수지 오른쪽)에 다다른다.

그라헤라 저수지 Pantano de la Grajera → 나바레테 Navarrete (6.5km) `12.4km`

인도교를 건너 화장실을 이용할 수 있는 카페를 지나 호숫가를 돌면 아스팔트 길에 이른다. 포도밭 길 사이로 난 오르막길을 따라 그라헤라 고개로 올라가면 우측에 N-120을 내려다보며 걷는다. 제재소를 지나 내려가다가 A-68을 지나는 고가를 건넌다. 산 후안 데 아크레San Juan de Acre와 왼쪽의 와인 양조장을 지나 나바레테로 들어간다. 나바레테의 Bar에서 휴식을 취하는 것이 좋다.

나바레테 Navarrete → 벤토사 Ventosa (7.6km) `20km`

나바레테를 나와 왼쪽의 공동묘지를 지나면 N-120과 같은방향으로 나있는 포도밭길 사이의 시골길을 걷는다.

소테스(왼쪽편 멀리 보이는 마을)로 가는 포장길을 만나면 앞에 보이는 와인 협동조합 건물을 지나가는 루트를 택한다. N-120의 옆으로 이어진 길은 굴다리를 지나 왼쪽 벤토사 방향 화살표를 따라 진행된다. 벤토사의 끝부분에 있한 Bar에서 휴식을 취한다.

벤토사 Ventosa → 나헤라 Najera (9.4km) `29.4km`

마을을 나와 포도밭 사이로 난 길을 따라 산 안톤 고개Alto de San Anton와 롤단Poyo de Roldan의 언덕 사이의 골짜기로 올라간다. 고갯길을 따라 걷는다. 나헤라를 향해 내리막길을 내려오면 얄데 강의 다리를 건넌다. 나헤라 외곽의 공장지대에서 N-120을 건너서 나헤라 주택가로 진입한다. 차도 옆 좁은 인도를 따라 도착한 나헤리야 강을 건너면 나헤라 구시가지에 이른다.

나헤라는 11~12세기 나바르 왕국의 수도였던 곳으로 마을을 가로지르는 나헤리야 강과 마을 뒤의 암벽이 멋진 경치를 보여준다. 그리고 구시가지의 마리아 데 라 레알 수도원Santa Maria la Real이 들러볼 만하고 에스파냐 광장, 나바라 광장, 나헬리야 강변에 식사할 만한 Bar가 많이 있다.

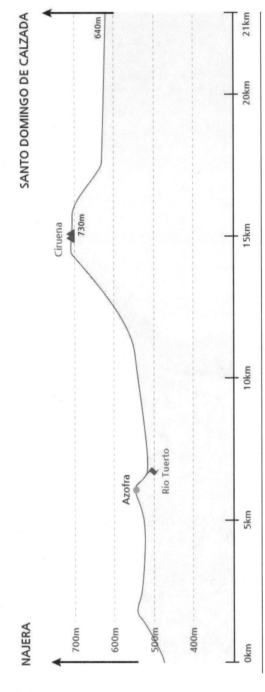

9구간. 나헤라 ← 산토 도밍고 데 칼사다

SANTO DOMINGO DE CALZADA

Ciruena
730m

640m

Azofra

Rio Tuerto

NAJERA

700m
600m
500m
400m

0km 5km 10km 15km 20km 21km

9구간. 나헤라 ➡️ 산토 도밍고 데 칼사다 지도

NAJERA

Municipal(92)
0.0

rio Najerilla
(나헤리야 강)

AZOFRA
Privado(12)
La Fuente

Asociacion(26)
5.8
Municipal(60)

rio Tuerto
(투에르토 강)

Alesanco

Canas
(Azofa-6km)

Abadia
Cisterciense

Monasterio San Millan
(Azofa-16km)

Rioja Alta
Golf Club
(리오하 알타 골프 클럽)

Cirinuela

Ciruena
9.3

N-120

SANTO DOMINGO
DE CALZADA

Abadia(33)

Asociacion(210)
Casa del Santo
5.9

N-120

Haro ➡️

rio Oja
(오하 강)

시내 지도

San Francisco

Autobus
Taxi

c/ San Roque
c/ de las

Santa
Teresita

Av. Juan Carlos
c/ del Pinar
Abadia

Av. Calahorra

Paseo de Espolon
c/ Isodoro Salas

Plaza
Alameda
Casa del
Santo
El Corregidor

Miguel Parador
Parador
Catedral
c/ Castro
Plaza
Santo
Turismo
Correos
(우체국)
Plaza
Mayor

🚶 9구간.
나헤라 ➡ 산토 도밍고 데 칼사다 21km

나헤라   아소프라   시루에냐   산토 도밍고 데 칼사다

◆ 구간포인트

대부분 경작지 사이로 난 시골길을 걸으면서 봄에는 유채꽃이 만발한 멋진 사진을 찍을 수 있는 구간이다. 그늘이 거의 없는 구간으로 모자와 선글라스를 챙기고 휴식은 아소프라, 시루에냐의 Bar와 식수대에서 취할 수 있다.

나헤라 Najera → 아소프라 Azofra `5.8km`

나바라 광장, 산타 마리아 레알 성당을 지나 '자연구역'에 들어서면 붉은 흙길을 따라 오르막길 정상에 오른다. 흙길을 따라 2.9km 걸은 후 아스팔트길을 1.9km 걸어 아소프라에 도착한다. 아소프라의 Bar에서 휴식을 취한다.

아소프라 Azofra → 시루에냐 Ciruena (9.3km) `15.1km`

아소프라를 나와 길을 건너 오른쪽 포장도로를 따라 걷다가 왼쪽 길로 들어간다. 경작지 사이의 시골길을 화살표를 따라 걸으면 길은 N-120(A-12)과 나란히 이어진다. 알레산코Alesanco로 들어가는 포장도로를 건너면 앞쪽에 평원과 함께 오르막 언덕길이 보인다.

오르막 언덕길을 오르면 좌측에 식수대와 함께 벤치가 있는 휴식 공간이 있고 길은 리오하 알따 골프 클럽Rioja Alto Golf Club 옆으로 이어진다. 골프 클럽의 Bar가 휴식을 취하기 적합하다. 골프 클럽의 주택가를 지나 길은 시루에냐 마을로 들어간다.

시루에냐 Ciruena

→ 산토 도밍고 데 칼사다 Santo Domingo de Calzada **(5.9km)** `21km`

마을을 나와 포장도로의 인도를 걷다가 교차로 좌측의 흙길을 따라 걷는다. 순례길은 이내 경작지 사이로 난 좌측 길로 이어지고 탁트인 멋진 경치를 즐길 수 있다. 산토 도밍고 데 칼사다 외곽의 감자공장을 지나면 포장도로와 만난다. 포장도로의 인도를 따라 구시가지로 들어가 카예마요르를 걷는다. 산토 도밍고 데 칼사다는 '수탉과 암탉의 기적' 전설로 유명한 도시로 대성당(박물관, 막 달레나 예배당, 제단 장식, 산토 도밍고 무덤, 성당 뒤쪽의 닭장), 대성당탑, 파라도르(스페인 국영호텔)가 주요 명소다.

▶ 산토 도밍고 성당

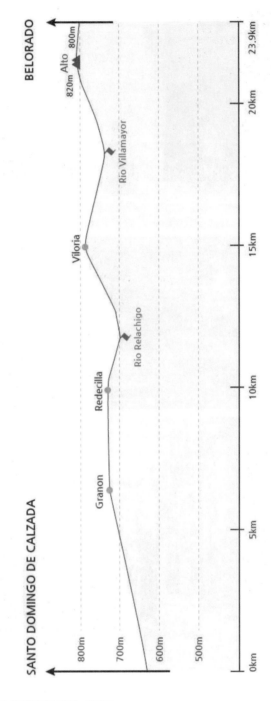

10구간. 산토 도밍고 데 칼사다 ➡ 벨로라도 구간

SANTO DOMINGO DE CALZADA

BELORADO

Granon

Redecilla

Rio Relachigo

Viloria

Rio Villamayor

Alto

820m

800m

800m

700m

600m

500m

0km

5km

10km

15km

20km

23.9km

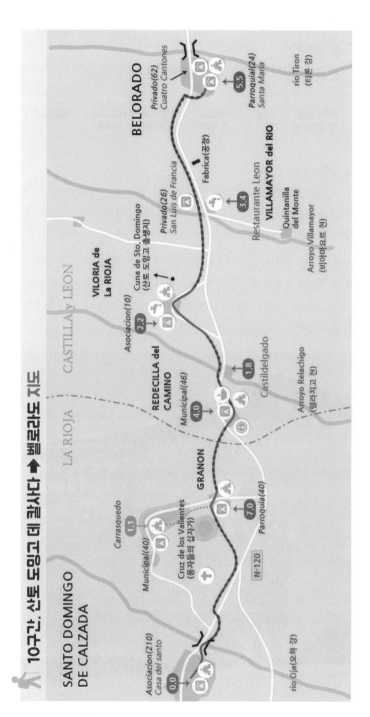

SANTO DOMINGO
DE CALZADA

LA RIOJA

CASTILLA y LEON

BELORADO

Asociacion(210)
Casa del santo

0.0

rio Oje (오하 강)

Carrasquedo

Municipal(40)

1.1

Cruz de los Valientes
(용자들의 십자가)

N-120

GRANON

Parroquia(40)

7.0

REDECILLA del
CAMINO

Municipal(46)

4.0

Castildelgado

1.8

Arroyo Relachigo
(렐라치고 천)

VILORIA de
La RIOJA

Asociacion(10)

2.2

Cuna de Sto. Domingo
(산토 도밍고 출생지)

Privado(26)
San Luis de Francia

Restaurante Leon

VILLAMAYOR del RIO

Quintanilla
del Monte

Arroyo Villamayor
(비야마요르 천)

3.4

Fabrica(공장)

Privado(62)
Cuatro Cantones

Parroquia(24)
Santa Maria

5.5

rio Tiron
(티론 강)

10day

🚶 10구간.
산토 도밍고 데 칼사다 ➡ 벨로라도 23.9km

| 산토 도밍고 데 칼사다 | 그라뇽 | 레데시야 델 카미노 | 빌로리아 데 라 리오하 | 비야마요르 델 리오 | 벨로라도 |

◆ **구간포인트**

이 구간은 벨로라도로 이어지는 N-120 옆을 걷는 길이 대부분이다. 그리고 그라뇽을 지나서 만나는 리오하 주와 카스티야 이 레온 주의 경계선을 넘는 구간이기도 하다.

레데시야 델 카미노, 비야 마요르 델 리오 마을길의 명확하지 않은 길표시를 잘 체크해 차량이 많이 지나가는 N-120을 걷지 않도록 주의해야 한다. 그리고 마을과 떨어진 그늘이 없는 구간이 대부분으로 간식과 식수를 충분히 준비한다.

HOTEL RESTAURANTE
La Huella del Camin

산토 도밍고 데 칼사다 Santo Domingo de Calzada → 그라뇽 Granon `7km`

구시가지를 벗어나 우측에 있는 예배당을 지나 오하 강Rio Oja 다리를 건넌다. 다리를 건너 N-120 오른쪽 흙길을 걷다가 다시 국도를 가로질러 시골길을 택한다. 화살표에 주의해 걷다보면 '용자들의 십자가'Cruz de los Valientes를 지나고, 순례길은 N-120 옆을 따라 이어진다. 포장 오르막길을 따라 그라뇽에 들어간다. 그라뇽의 Bar와 상점에서 간식을 구매하고 휴식을 취한다.

그라뇽 Granon → 레데시야 델 카미노 Redecilla del Camino (4km) `11km`

그라뇽에서 나와 내리막길을 걸어 개울을 건넌다. 경작지 사이로 난 길을 따라 걸으면 이내 리오하 주와 카스티야 이 레온 주의 경계를 알리는 표지판을 만난다. 표지판에 인쇄된 카스티야 이 레온 주의 마을들을 찬찬히 둘러보는 순례자는 호기심으로 충만해진다. 시골길을 따라 직진하다가 오른쪽 N-120을 건너 레데시야 델 카미노로 들어간다.

레데시야 델 카미노 Redecilla del Camino
→ 빌로리아 데 라 리오하 Viloria de la Rioja (4km)　15km

마을을 나와 조금은 위험한 N-120을 주의해서 건넌다. N-120의 좌측 옆
으로 난 길을 따라 카스틸델가도에 이른다. 카스틸델가도를 나오면 다시
N-120 옆길을 따라 약 1km 걷는다 왼쪽으로 방향을 틀어 빌로리아 데 라
리오하로 들어간다. 이 마을은 산토 도밍고의 출생지로 현재 부서져 버린
생가만이 남아 있다.

빌로리아 데 라 리오하 Viloria de la Rioja
→ 비야마요르 델 리오 Villamayor del Rio **(3.4km)**　　　18.4km

마을을 나와 내리막길을 따라 걷다보면 N-120을 다시 만난다. N-120 옆
길을 따라 2.1km를 걸으면 비야마요르 델 리오에 도착한다. 휴식은 식당
레온(N-120을 건널 때 주의) 혹은 마을 중심 카페 마요르에 있는 쉼터에
서 가능하다.

비야마요르 델 리오 Villamayor del Rio **→ 벨로라도** Belorado **(5.5km)**　　　23.9km

마을을 나와 N-120 옆길을 따라 계속 걷는다. 벨로라도에 진입하기 전 야
외 쉼터 방향으로 N-120을 건넌다. 산타 마리아 성당을 지나 벨로라도 구
시가지로 들어간다. 한때 가죽공업으로 유명했던 벨로라도에는 절벽 위에
있는 성터, 고대 동굴 암자, 산타 마리아 성당 등이 들러볼 만하다.

11구간. 벨로라도 → 아헤스 고도

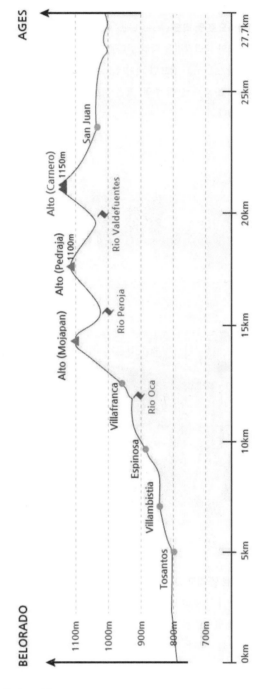

AGES

San Juan

Alto (Carnero)
1150m

Rio Valdefuentes

Alto (Pedraja)
1100m

Alto (Mojapan)

Rio Peroja

Villafranca

Rio Oca

Espinosa

Villambistia

Tosantos

BELORADO

1100m
1000m
900m
800m
700m

0km   5km   10km   15km   20km   25km   27.7km

11구간. 벨로라도 ➜ 아헤스 지도

rio Vena(베나 강)

Santovenia

Privado(34)
El Pajar

3.6

Municipal(16)
San Rafael

AGES

6.5

Parroquial(70)
San Juan de Ortega

SAN JUAN de ORTEGA

Ermita
Valdefuente

Fuente
Valdefuentes(카르네로)

2.0

Puerto Pedraja
(페드라하 고개)
1.095m

▲Alto
1.100m

Monumento a los Caidos
(죽은 자를 위한 기념비)

2.3

Fuente de Mojapan
(모하판 샘)

1.4

Ermita
Virgen de Oca

Pozo

San Indalecio Martir
(산 인달레시오 마르띨 샘)

Municipal(60)

3.5

VILLAFRANCA
MONTES de OCA

San Felices
[산 펠리세스(유적지)]

ESPINOSA del CAMINO

Arroyo Peroja(페로하 천)

rio Oca(오카 강)

Privado(10)

3.4

VILLAMBISTIA

Municipal(14)
San Roque

VILLAMBISTIA

TOSANTOS

Parraquial(30)
San Francisco

5.0

San Miguel
de Podroso

Ermita
Virgen de la Pena
(바위의 성모 마리아 예배당)

N-120

BELORADO

Privado(62)
Cuatro Cantones

0.0

rio Tiron(티론 강)

산티아고 순례길 가이드북 | **115**

🚶 11구간.
벨로라도 ➡ 아헤스 27.7km

| 벨로라도 | 에스피노사
델 카미노 | 비야프랑카
몬테스 데 오카 | 죽은 자를
위한 기념비 | 산 후안 데
오르테가 | 아헤스 |

◆ **구간포인트**

이 구간은 경작지와 산림숲 사이로 난 흙길을 걷는다. 벨로라도를 나오면 비
야프랑카 몬테스 데 오카까지 N-120과 나란히 가는 평이한 시골길을 걷는
데 중간에 작은 마을들에서 휴식을 취할 수 있다.

비야프랑카 몬테스 데 오카부터 오르막길을 오르면 소나무 숲 사이로 난 넓
고 평평한 산길을 따라 걷는다. '죽은 자를 위한 기념비'를 지나 내리막길을
따라 패로하 천을 건너 패드라하 고개(고도 1,100m)로 오르면 소나무숲을
만난다. 소나무 숲 사이로 난 넓고 평평하지만 지루한 길을 따라 산 후안 데
오르테가로 들어가면 Bar에서 휴식을 취한다.

비야프랑카 몬테스 데 오카에서 산 후안 데 오르테가 사이의 산길 구간
(12.2km)에는 마을과 Bar가 없으므로 간식 및 식수를 미리 챙겨두어야 한
다. 산 후안 데 오르테가를 나오면 숲길을 지나 경작지 사이로 난 평이한 길
을 따라 아헤스로 내려간다.

벨로라도 Belorado → 에스피노사 델 카미노 Espinosa del Camino `8.4km`

벨로라도를 빠져나오면 N-120을 가로질러 티론 강의 나무다리를 건넌다. 주유소를 지나 N-120 교차로를 건너 주도로와 나란히 나있는 시골길을 라토산토스, 비얌비스티야Villambistia를 지난다. 비얌비스티야를 나와 N-120을 조심스럽게 건너 에스피노사 델 카미노에 도착하면 카예 바루엘로에 있는 Bar에서 휴식을 취한다.

에스피노사 델 카미노 Espinosa del Camino

→ 비야프랑카 몬테스 데 오카 Villafranca Montes de Oca **(3.5km)** `11.9km`

에스피노사 델 카미노를 나와 산 펠리세스San Felices 유적지를 지나 N-120
을 다시 만난다. 위험한 N-120 옆길을 지나 오카 강Rio Oca을 건너면 비야
프랑카 몬테스 데 오카로 진입한다.

마을길 구간은 N-120의 좁은 인도를 지나므로 특히 왕복 차량에 주의해야
한다. 여기서부터 산 후안 데 오르테가San Juan de Ortega까지 12.2km에는
마을이나 Bar 등의 휴식처가 없고, 가파른 오르막과 내리막길이 있으므로
간식 및 식수를 미리 준비하고 적절한 휴식을 취한다.

비야프랑카 몬테스 데 오카 Villafranca Montes de Oca
→ 죽은 자를 위한 기념비 Monumento a los Caidos (3.7km) `15.6km`

산티아고 성당과 산 안톤 알베르게를 지나 오르막길을 따라 오른다. 모하판 샘Fuente de Mojapan이 있는 쉼터에서 잠시 숨을 고른 후 숲길을 다시 올라가면 평평한 소나무 숲길이 '죽은 자를 위한 기념비'까지 이어진다. 죽은 자를 위한 기념비는 스페인 내전 당시 전사한 이들을 기리는 기념비이다.

죽은 자를 위한 기념비 Monumento a los Caidos
→ 산 후안 데 오르테가 San Juan de Ortega (8.5km) `24.1km`

기념비를 지나 경사가 급한 내리막길을 주의해서 내려가면 패로하 천Arroyo Peroja을 건너게 된다. 다시 오르막길을 따라 패드라하 고개(고도 1,100m)에 도착하면 소나무 숲길을 만난다. 넓고 평평한 소나무 숲길을 따라 발데푸엔테 예배당을 지나 산 후안 데 오르테가에 이른다. 수도원의 예배당을 둘러본 후 Bar에서 휴식을 취한다.

산 후안 데 오르테가 San Juan de Ortega → 아헤스 Ages (3.6km) `27.7km`

수도원을 지나 만나게 되는 포장도로 교차로를 건너 소나무숲 사이로 난 흙
길을 따라 걷는다. 숲을 벗어나면 먼 발치에 아헤스가 보이고 시골길을 따
라 마을에 이른다. 아헤스에서는 소박한 에우랄리아 성당이 둘러볼 만하다.

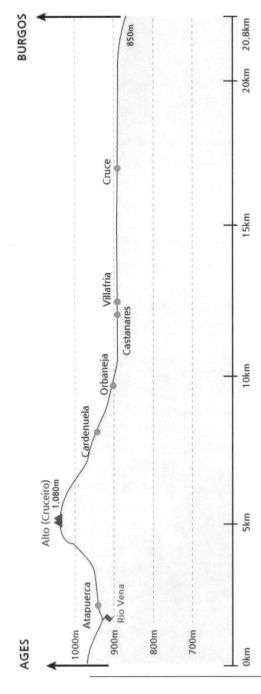

12구간. 아헤스 ➜ 부르고스 고도

BURGOS

850m

Cruce

Villafria

Castanares

Orbaneja

Cardenuela

Alto (Cruceiro)
1,080m

Atapuerca

Rio Vena

AGES

1000m

900m

800m

700m

0km   5km   10km   15km   20km   20.8km

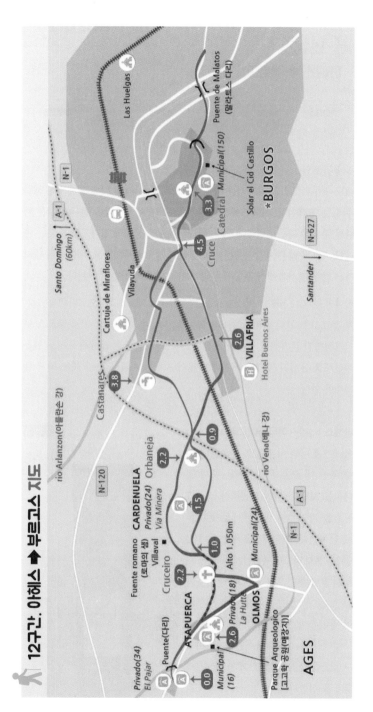

12구간. 아헤스 ← 부르고스 지도

rio Arlanzon(아를란손 강)

Santo Domingo
(60km)

A-1
N-1

Las Huelgas

Puente de Malatos
(말라토스 다리)

Catedral Municipal(150)

Solar el Cid Castillo

BURGOS

Cruce

Cartuja de Miraflores

Vilayuda

N-627

Santander

VILLAFRIA

Hotel Buenos Aires

Castanares

Orbaneja

CARDENUELA
Privado(24)
Via Minera

rio Vena(베나 강)

N-120

N-1

A-1

Fuente romano
(로마의 샘)
Villaval

Cruceiro

Alto 1,050m

Municipal(24)

Privado(18)
La Hutta

OLMOS

ATAPUERCA

Privado(34)
El Pajar

Puente(다리)

Municipal
(16)

Parque Arqueologico
[고고학 공원(매장지)]

AGES

12day

12구간.
아헤스 ➡ 부르고스 20.8km

아헤스 ··· 아타푸 ··· 카르데 ··· 비야프리아 ··· 부르고스 ··· 부르고스
          에르카   누엘라   신시가지 교차로

◆ 구간포인트

대도시 부르고스의 시가지를 주로 걸으므로 온 거리에 비해 쉽게 피로해질
수 있는 구간이다. 아헤스에서 아타푸에르카까지 국도옆을 걷는 구간은 차
량에 주의해 좌측보행해야 한다. 아타푸에르카 산맥의 십자가로 오르는 바
닥이 고르지 않은 자갈길에는 발목이 삐지 않도록 주의하고, 비야발로 내려
가는 급한 경사길에선 무릎에 무리가 가지 않도록 천천히 걷는다.

비야발을 지나서부터 아스팔트길을 걸어 카르데누엘라, 오르바네하를 거
쳐 부르고스 교외지역 비야프리아에 이른다. 비야프리아부터 부르고스 구
시가지까지 본격적인 시내 인도를 걷는다. 군데군데 복잡하게 표시돼 있는
화살표를 유심히 체크하고 차량이 많이 지나는 차도를 건널 때도 특히 유
의해야 한다.

아헤스 Ages → 아타푸에르카 Atapuerca `2.6km`

아헤스를 나와 아스팔트 길 옆을 걸어
산 후안 데 오르테가가 만든 중세 돌
다리를 지난다. 멀리 오른쪽에 고고학
공원을 바라보며 아타푸에르카 마을
로 들어선다. 아타푸에르카는 약 100
만 년 전부터 거주한 원시인류의 유
적이 발굴된 곳으로 2000년 세계문화
유산으로 등재됐다. 비야발Villaval부터
이어지는 아스팔트길을 따라 카르데
누엘라Cardenuela로 들어간다. 산 미구
엘San Miguel 알베르게의 Bar에서
휴식을 취한다.

▶ 부르고스 성당

아타푸에르카 Atapuerca → 카르데누엘라 Cardenuela (4.7km) `7.3km`

마을을 나와 왼쪽으로 꺾어 아타푸에르카 산맥을 오른다. 자갈이 있는 울퉁불퉁한 오르막길에서 발이 삐지 않도록 주의해야 한다. 정상에 있는 십자가 (고도 1,080m)에서 걸어온 방향의 경치를 바라보며 잠시 휴식을 취한 후 급경사 내리막길을 따라 비야발로 이동한다. 가까이에는 잠시 후 지나갈 마을과 멀리에는 부르고스 시내가 눈에 들어온다.

비야발부터 이어지는 아스팔트길을 따라 카르데누엘라로 들어간다. 산 미구엘San Miguel 알베르게의 Bar에서 휴식을 취한다.

카르데누엘라 Cardenuela → 비야프리아 Villafria (5.7km) `13km`

마을을 관통하는 아스팔트길을 따라 오르바네하Orbaneja를 지나 A-1을 건너는 고가다리를 넘어 직진하면 부르고스 공항에 이른다. 부르고스 공항을 왼쪽에 두고 돌아서 걷다가 철길을 건너는 고가다리를 넘어 부르고스 교외 공업지역인 비야프리아로 들어선다. 오른쪽 주택가를 지나면 공원 벤치에서 잠시 휴식을 취한다.

비야프리아 Villafri → 부르고스 신시가지 교차로 Cruce (4.5km) `17.5km`

비야프리아에서부터 N-1의 인도를 따라 걷는 길이 이어진다. 초반의 공업단지와 카예 빅토리아의 고층건물들을 지나 신시가지 교차로에 이른다.

부르고스 신시가지 교차로 Cruce → **부르고스** Burgos (3.3km) `20.8km`

교차로에서 카예 산 로케를 따라가다가 왼쪽으로 방향을 틀어 카예 파르마 세우티코 옵둘리오 페르난데스를 걷는다. 오른쪽 부르고스 지방 교육청을 통과해서 국도를 건너면 카예 칼사다스를 따라 직진한다. 산 레스메스 성당과 공립 도서관이 있는 산 후안 광장을 지나면 베나 강을 건너 산 후안 아치문을 통과해 부르고스 구시가지로 들어간다.

카예 산 후안을 따라 걷다 호텔 노르테 이 론드레스를 지나면 카예 아베야 노스 길로 들어선다. 카예 산 힐과 만나는 지점에서 왼쪽 카예 페르난 곤살레스를 따라 걸으면 부르고스 공립 알베르게(오른쪽)와 산타 마리아 대성당(왼쪽 계단 아래)에 다다른다.

부르고스 시내에는 산타마리아 대성당, 산타 마리아 아치문, 산타마리아 다리, 인류 진화 박물관(아타푸에르카에서 발굴된 원시인류의 유물과 함께 인류 진화 관련 자료들을 전시함)이 볼 만하다.

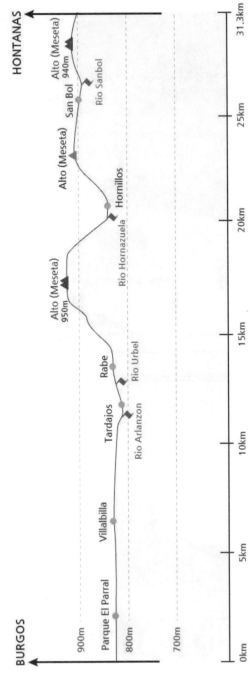

13구간. 부르고스 ➡ 온타나스

BURGOS

Parque El Parral

Villalbilla

Tardajos

Rio Arlanzon

Rabe

Rio Urbel

Alto (Meseta) 950m

Rio Hornazuela

Hornillos

Alto (Meseta)

San Bol

Rio Sanbol

Alto (Meseta) 940m

HONTANAS

900m
800m
700m

0km 5km 10km 15km 20km 25km 31.3km

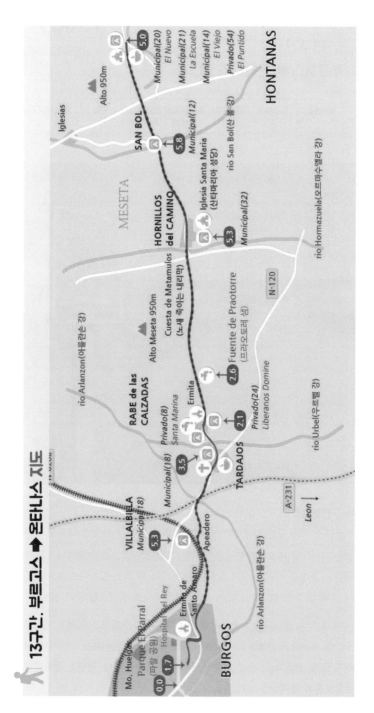

13구간. 부르고스 ➜ 온타나스 지도

BURGOS

Mo. Huelgas
Parque El Parral (파랄 공원)
0.0 — 1.7
Hospital del Rey
Ermita de Santo Amaro

rio Arlanzon(아를란손 강)

VILLALBILLA
Municipal(18)
5.3 ➜
Apeadero

Leon ➜
A-231

rio Arlanzon(아를란손 강)

TARDAJOS
Municipal(18)
3.5 ➜

RABE de las CALZADAS
Privado(8)
Santa Marina
Ermita

Privado(24)
2.1
Liberanos Domine

rio Urbel(우르벨 강)

2.6 Fuente de Praotorre (프라오토레 샘)

Alto Meseta 950m
Cuesta de Matamulos (노새 죽이는 내리막)

N-120

MESETA

HORNILLOS del CAMINO
5.3 ➜
Municipal(32)
Iglesia Santa Maria (산타마리아 성당)

rio Hormazuela(오르마수엘라 강)

SAN BOL
5.8
Municipal(12)
rio San Bol(산 볼 강)

Iglesias
Alto 950m

5.0
Municipal(20) El Nuevo
Municipal(21) La Escuela
Municipal(14) El Viejo
Privado(54) El Puntido

HONTANAS

🚶 13구간.
부르고스 ➡ 온타나스 31.3km

부르고스　　비알비야　　타르다호스　라베 데 라스　오르니요스　　산 볼　　온타나스
　　　　　　　　　　　　　　　　　칼사다스　　델 카미노

◈ **구간포인트**

부르고스 시내 구간은 우엘가스 수도원, 파랄 공원, 부르고스 대학교 건물들을 지나므로 대도시의 번잡함을 피할 수 있다. 부르고스를 벗어나서는 평이한 시골길을 따라 타르다호스를 지나 라베 데 라스 칼사다스로 이동한다. 순례길 주변에는 N-120, A-231, 철길이 다소 혼란스럽게 지나간다.

라베 데 라스 칼사다스부터 시작되는 메세타 지역은 짧은 오르막과 내리막 구간을 제외하고 전체적으로 그늘이 없는 끝없는 평원을 걷는 구간이다. 따라서 모자, 선글라스, 간식, 식수를 충분히 준비해야 한다. 평원을 걸으면서 평화로움과 한적함을 느껴보자.

부르고스 Burgos → 비얄비야 Villalbilla → 타르다호스 Tardajos 10.5km

카예 페르난 곤살레스를 따라 산 니콜라스 성당과 아바 부르고스 호텔을 지나 산 마르틴 아치문을 통과한다. 계단을 내려와 카예 엠페라도르를 따라 걷다가 왼쪽 카예 비야론으로 방향을 틀어 직진한다. 말라토스 다리를 통해 아를란손 강Rio Arlanzon을 건넌 후 N-120의 횡단보도를 넘는다.

① N-120 옆의 인도를 따라서 걸어 벨라 비스타 식당 전까지 진행한다.
② 파랄공원을 지나면서 우엘가스 수도원과 왕립병원을 들른 후 N-120에 합류해 인도를 따라 벨라 비스타 식당 전까지 진행한다.

벨라비스타 식당 전에서 N-120을 건너서 카예 베니토 페레스 갈도스를 따라 주택가를 걷는다. 부르고스를 완전히 나와 시골길로 들어서면 오른쪽 멀리 국립 교도소가 보이고 약 2km를 걸으면 오른쪽에 휴식 공원을 만난다. 교차로를 지나 흙길을 따라 걷다가 지하도를 통과한다. 다시 길은 고가다리를 통해 고속도로 위를 건넌 후 도로 아래를 통과하고 이내 A-231의 아래를 통과하면서 아를란손 강과 N-120을 만난다. N-120을 따라 아를란손 강을 건넌 후 도로 옆을 따라 난 흙길로 걸어 타르다호스에 도착한다. N-120 도로 건너편에 있는 Bar에서 휴식을 취한다.

타르다호스 Tardajos
→ 라베 데 라스 칼사다스 Rabe de las Calzadas (2.1km)　12.6km

N-120에서 벗어나 좌측 마을길을 통과해 우르벨 강Rio Urbel을 건너면 라베 데 라스 칼사다스에 들어선다. 메세타가 시작되는 마을로 마을 중심에 있는 식수대에서 수통을 채우고, 간식도 미리 준비한다.

라베 데 라스 칼사다스 Rabe de las Calzadas
→ 오르니요스 델 카미노 Hornillos del Camino (7.9km)　20.5km

마을을 나와 완만한 오르막길을 2.6km 걸어 프라오토레 샘Fuente de Praotorre에 도착한다. 그늘 아래 벤치에서 휴식을 취하고 다시 오르막길 정상을 오르면 수평선까지 뻗은 경작지가 드러난다. 경작지 사이로 난 길을 따라 걷는다. '노새 죽이는 내리막'Cuesta de Matemulos 길을 내려가서 오르마수엘라 강을 건너면 오르니요스 델 카미노에 도착한다. 산타 마리아 성당과 널찍한 광장이 시골의 편안한 분위기를 자아내는 순례자 마을이다. 이제 남은 10.8km 구간에는 Bar 등의 휴식처가 마땅치 않으므로 이곳에서 식사(혹은 간식)를 해결한다.

오르니요스 델 카미노 Hornillos del Camino → 산 볼 San Bol (5.8km)　26.3km

마을을 벗어나 완만한 오르막길을 오르면 다시 평지길이 이어지다가 산 볼 강과 산 볼 알베르게(왼쪽)가 보이는 내리막길이 나온다. 산 볼 강을 건너 왼편으로 보이는 알베르게를 지나간다.

산 볼 San Bol → 온타나스 Hontanas (5km)

좁은 산 볼 계곡을 지나 오르막길을 오른다. 다시 나타난 끝없이 펼쳐진 평원 사이로 난 길을 따라 걷는다. 계속되는 평지가 지루해질 무렵 온타나스로 들어가는 내리막길이 갑자기 나타난다. 온타나스는 아담한 순례자 마을로 성모 승천 성당이 볼 만하다.

14구간. 온타나스 → 보아디야 델 카미노

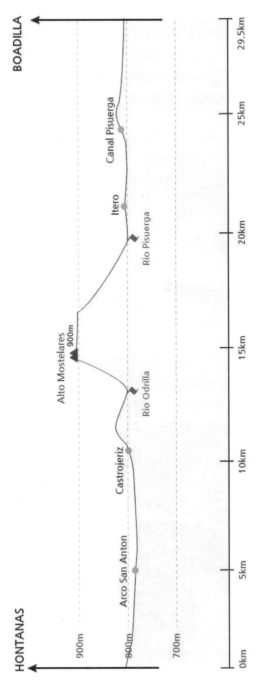

14구간. 온타나스 → 보아디야 델 카미노 지도

HONTANAS

Iglesia

Municipal(20)
El Nuevo
Municipal(14)
El Viejo
Municipal(21)
La Escuela
Privado(54)
El Puntido

0.0

San Miguel
[산 미겔(유적지)]

Arco de San Anton
(산 안톤 아치)

Privado(12) 5.7

CASTROJERIZ

Colegiata de la
Virgen del Manzano

El Camping(35)
Hostal El Manzano

Palacio
(유적지)
Museo
S.Domengo
La Cachava

Puerta del Monte

El Meson

La Taberna
Posada

Conello
Municipal(20)

Castillo
(유적지)

Plaza Mayor

Municipal(28)

Iglesia
S.Juan

CASTROJERIZ

Convento de Sta. Clara
(산타 클라라 수도원)

Municipal(30)
San Esteban

Privado(26) 4.7
Casa Nostra

Alto Mostelares
(모스텔라레스 고개)

3.5

Alto 900m

Fuente de Piojo
(피오 호 샘)

4.3

Privado(20)

ITERO del CASTILLO

rio Odrilla(오드리야 강)

Asociacion(12)
San Nicolas

1.3

Puente Itero
(이테로 다리)

rio Pisuerga
(피수에르가 강)

Canal de Pisuerga
(피수에르가 수로)

2.7

ITERO de la VEGA

Municipal
(12)

1.9

Municipal(7)

1.5

Canal de Castilla
(카스티야 수로)

BURGOS

PALENCIA

**BOADILLA
DEL CAMINO**

Iglesia

5.4

Municipal(12)

🚶 14구간.
온타나스 ➡ 보아디야 델 카미노 29.5km

| 온타나스 | 산 안톤 아치 | 카스트로 헤리스 | 모스텔라 레스 고개 | 피오호 샘 | 이테로 데 라 베가 | 보아디야 델 카미노 |

◆ 구간포인트

메세타의 한적한 시골길을 걷는 구간이 대부분이다. 하지만 메세타의 순례길이 대부분 그러하듯이 그늘이 없는 곳이 대부분이므로 모자, 선글라스, 간식, 식수를 준비해야 한다.

해뜨기 전에 출발하는 순례자들은 산 안톤 아치까지 가는 어둡고 좁은 흙길을 걸을 때는 특히 주의(랜턴 필수)해야 한다. 그리고 산 안톤 아치부터 카스트로헤리스로 이어지는 아스팔트는 지나는 차량에 주의해 좌측보행을 한다. 카스트로 헤리스 다음에 만나는 이 구간 최고의 장애물인 모스텔라레스 언덕의 오르막을 오른 후 전망대에서 잠시 휴식을 취해 가파른 내리막길(무릎 주의)에 대비한다. 멋진 경치를 즐기며 시골길을 걸어 부르고스 주에서 팔렌시아 주로 들어오면 이테로 데 라 베가의 Bar에서 잠시 휴식(간식)을 취한다. 이후 보아디야 델 카미노로 가는 널찍한 평원길을 걷는다.

온타나스 Hontanas → 산 안톤 아치 Arco de San Anton　5.7km

마을을 나와 아스팔트 교차로를 건너 좁은 흙길로 들어선다. 해뜨기 전 출발하는 순례자들은 안전한 길찾기를 위해 랜턴을 꼭 챙겨야 한다. 산 미겔 유적지San Migual를 지나 다시 만난 아스팔트를 따라 산 안톤 수도원의 잔해가 있는 아치에 다다른다.

산 안톤 수도원은 '산 안톤의 불'(피부가 썩어들어가는 균에 의해 생기는 피부병)로 알려진 중세의 피부병을 치료하는 병원으로 유명했으며, 중세 때 순례자들을 위한 안식처를 제공했던 곳이다. 현재도 소규모의 알베르게가 운영된다.

산 안톤 아치 Arco de San Anton → 카스트로헤리스 Castrojeriz (4.7km) 10.4km

아스팔트길을 따라 조심스럽게 좌측보행해 카스트로헤리스로 들어간다.
산타 마리아 델 만사노 성당을 둘러본 후 맞은편의 만사노 Bar에서 휴식
을 취한다.

언덕(언덕 꼭대기에 폐허가 된 성이 보이는) 중턱에 걸쳐 위치한 카스트로
헤리스의 중심지를 관통해 걸을 때 산토 도밍고 성당 겸 박물관, 시청사, 산
후안 성당을 지난다. 카스트로헤리스는 로마와 서고트 왕국의 유적이 있
으며, 무어인과 가톨릭 간의 무수한 전투가 벌어진 요새마을로 유명하다.

카스트로헤리스 Castrojeriz

→ 모스텔라레스 고개 Alto Mostelares (3.5km)　13.9km

마을을 나와 포장도로를 건너 흙길을 따라 오드리야 강Rio Odrilla을 건넌
다. 오드리야 강을 건너 앞에 보이는 거대한 모스텔라레스 고개를 오른다.
기념비를 지나 정상에 오르면 작은 쉼터에서 휴식을 취하면서 멋진 경치
를 내려다본다.

모스텔라레스 고개 Alto Mostelares

→ 피오호 샘 Fuente de Piojo (4.3km)   `18.2km`

정상의 평지를 약간 걸어 다시 가파른 시멘트 내리막길을 내려가면 흙으로 된 시골길이 이어진다. 피오호 샘에 도착해 야외쉼터에서 그늘을 찾는다.

피오호 샘 Fuente de Piojo

→ 이테로 데 라 베가 Itero de la Vega (3.2km) `21.4km`

아스팔트길을 잠시 따라가다 좌측 흙길로 들어간다. 산 니콜라스 예배당(알베르게)에서 크레덴시알에 스탬프를 받은 후 피수에르 강(부르고스 주와 팔렌시아 주의 경계가 되는 강으로 다리를 건너면 팔렌시아 주 표지판이 있음)의 다리를 건넌다. 다리를 건너 오른쪽에 보이는 이테로 데 라 베가 마을을 향해 흙길을 따라 진행한다. 마을 초입 오른쪽에 있는 마당 넓은 Bar에서 잠시 휴식을 취한다.

이테로 데 라 베가 Itero de la Vega

→ 보아디야 델 카미노 Boadilla del Camino (8.1km) `29.5km`

아스팔트길을 따라 마을을 벗어난 후 교차로를 건너 다시 시골길로 들어선다. 왼쪽 멀리 보데가스 마을을 바라보며 직진해 피수에르가 수로(18세기 후반 농업용수 공급을 목적으로 건설)를 건넌다. 완만한 오르막길을 넘어가면 멀리 보아디야 델 카미노가 보인다. 시골길을 따라 마을로 들어오면 공립 알베르게를 지나는 순례길로 이어진다. 보아디야 델 카미노는 중세 순례자 마을로 산타 마리아 성당(14세기 만들어진 세계반이 유명)과 성당 앞 광장에 위치한 중세 사법권의 상징인 로요가 볼 만하다.

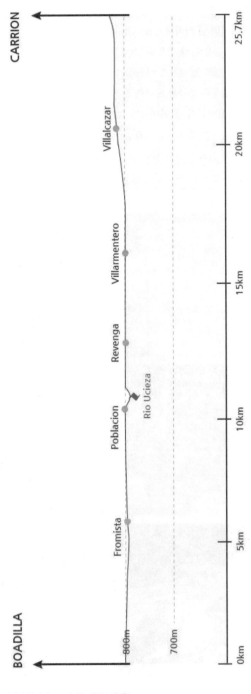

15구간. 보아디야 델 카미노 ♠ 카리온 데 로스 콘데스 고도

CARRION

BOADILLA

Villalcazar

Villarmentero

Revenga

Poblacion

Rio Ucieza

Fromista

800m

700m

0km 5km 10km 15km 20km 25.7km

15구간. 보아디야 델 까미노 ➡ 까리온 데 로스 콘데스 지도

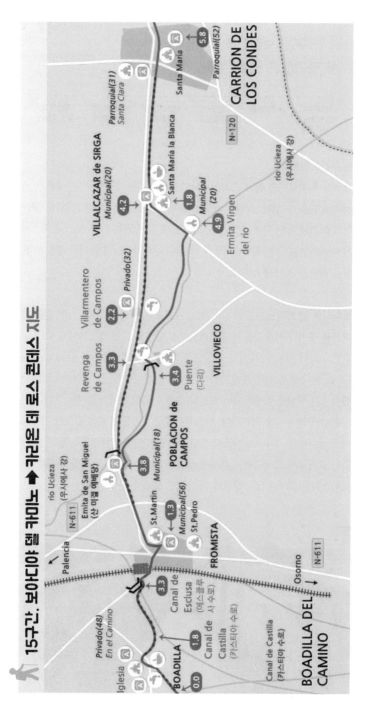

CARRION DE
LOS CONDES

Parroquial(52)   5.8
Parroquial(31)
Santa Clara   Santa Maria

Santa Maria la Blanca   N-120

VILLALCAZAR de SIRGA
Municipal(20)   4.2   1.8
                    Municipal
                    (20)   4.9

rio Ucieza   Ermita Virgen
(우시에사 강)   del rio

Villarmentero
de Campos   2.2
Privado(32)

Revenga   3.3
de Campos

                    3.4   VILLOVIECO
                    Puente
                    (다리)

POBLACION de
CAMPOS
Municipal(18)   3.8

Ermita de San Miguel
(산 미겔 예배당)
rio Ucieza
(우시에사 강)   St.Martin   1.3
N-611   Municipal(56)
Palencia   St.Pedro   FROMISTA

Canal de   Osorno   N-611
Esclusa   3.3
(에스클루   Canal de Castilla
사 수로)   (카스티야 수로)

Privado(48)   1.8
En el Camino

Iglesia   BOADILLA   BOADILLA DEL
          0.0   CAMINO
Canal de Castilla
(카스티야 수로)

산티아고 순례길 가이드북 | 153

🚶 15구간. 보아디야 델 카미노
➡ 카리온 데 로스 콘데스 25.7km

| 보아디야
델 카미노 | 프로미스타 | 포블라시온
데 캄포스 | 비아르멘테로
데 캄포스 | 비알카사르
데 시르가 | 카리온 데
로스 콘데스 |

◆ 구간포인트

카스티야 수로변을 따라 프로미스타까지 이어지는 초반 흙길은 상쾌한 기분으로 걸을 수 있다. 하지만 프로미스타 시가지를 빠져나와 A-67을 고가다리로 건너고 난 후 시작되는 아스팔트 옆 흙길(카리온 데 로스 콘데스까지 이어지는)은 지루하다. 그늘이 그립다. 걷다가 Bar에 들러서 충분한 휴식을 취하는 것이 중요하다.

보아디야 델 카미노 Boadilla del Camino → **프로미스타** Fromista `6.4km`

마을을 벗어나 시골길을 걷다가 좌측으로 방향을 틀어 카스티야 수로Canal de Castilla에 닿는다. 수로변 흙길을 따라 걷다가 에스클루사 수로Canal de Esclusa에서 수문 위를 걸어 카스티야 수로를 건너간다. 카스티야 수로는 팔렌시아의 평원에서 생산되는 곡물의 수송을 위해 만들어졌지만 현재는 관개용수 공급에 이용되고 있다. 아스팔트길로 접어들어 계속 걸으면 기찻길 아래 굴다리를 지나 프로미스타 중심가에 접어든다. 산탄데르 은행(왼쪽)이 있는 교차로에 도착하면 오른쪽에 보이는 Bar에서 잠시 휴식을 취한다. 프로미스타는 로마네스크 양식의 산 마르틴 성당이 유명하다.

프로미스타 Fromista

→ 포블라시온 데 캄포스 Poblacion de Campos (3.8km)   `10.2km`

P-980을 따라 걸으면 N-611과 A-67을 건너는 고가다리를 지난다. 그러면 순례자를 위한 흙길에 들어서고 길은 포블라시온 데 캄포스로 이어진다. 왼쪽에 산 미겔 예배당이 보이는 마을 초입을 지나 포블라시온 데 캄포스로 들어간다.

포블라시온 데 캄포스 Poblacion de Campos

→ 비야르멘테로 데 캄포스 Villarmentero de Campos **(5.5km)**   15.7km

마을을 나와 우시에사 강Rio Ucieza의 다리에서 갈림길을 맞는다.

① 다리를 건너 P-980 도로 옆의 흙길을 걷는 루트다.

② 다리를 건너지 않고 직진해 P-980 도로에서 벗어난 시골길을 따라
걷는 루트다.

✚ 위 두 루트는 비얄카사르 데 시르가에서 다시 만난다.

① 번 루트를 선택해 레벵가 데 캄포스를 지나 비야르멘테르 데 캄포스까지
걷는다. 마을 초입(오른쪽)의 Bar에서 휴식을 취하기를 권한다.

비야르멘테로 데 캄포스 Villarmentero de Campos

→ 비얄카사르 데 시르가 Villalcazar de Sirga **(4.2km)**   19.9km

마을을 지나는 P-980 도로 옆길을 따라 다음 마을인 비얄카사르 데 시르가
로 걸어간다. 이 마을에선 산타 마리아 라 블랑카 성당(왕족과 귀족들의 무
덤이 있으며, 실내 제단의 아름다운 장식 및 순백의 성모 마리아 상으로 유
명)을 들러보기를 권한다.

비얄카사르 데 시르가 Villalcazar de Sirga

→ 카리온 데 로스 콘데스 Carrion de los Condes **(5.8km)** `25.7km`

다시 P-980로 돌아와 도로 옆길로 걸어 카리온 데 로스 콘데스로 들어간다. 마을 초입의 산타 클라라 알베르게(왼쪽)를 지나 교차로에 이르면 순례길은 앞에 보이는 산타 마리아 성당 앞길로 이어진다. 카리온 데 로스 콘데스는 카리온 백작 가문이 통치했던 마을로 중세 분위기를 유지하고 있다. 산타 마리아 성당, 웅장한 외관의 산티아고 성당, 엘 시드의 사위들이 묻혀 있다는 산 소일로 수도원으로 유명하다.

16구간. 카리온 데 로스 콘데스 ➜ 테라디요스 데 로스 템플라리오스 고도

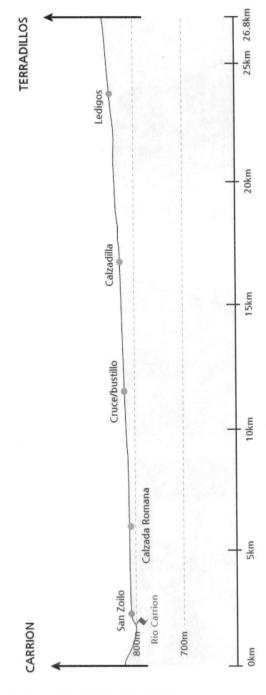

CARRION

TERRADILLOS

San Zoilo

Calzada Romana

Rio Carrion

Cruce/bustillo

Calzadilla

Ledigos

800m

700m

0km 5km 10km 15km 20km 25km 26.8km

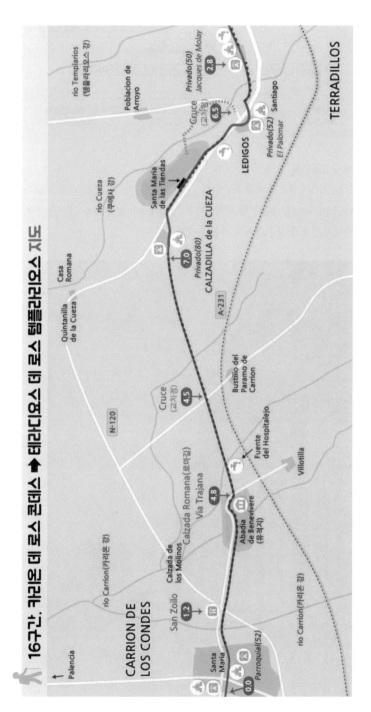

16구간: 카리온 데 로스 콘데스 ➡ 테라디요스 데 로스 템플라리오스 지도

CARRION DE LOS CONDES

← Palencia

rio Carrion(카리온 강)

San Zoilo

1.2

Santa Maria

Parroquial(52)

0.0

Calzada de los Molinos

rio Carrion(카리온 강)

Calzada Romana(로마길)
Via Trajana

4.8

Abadia de Benevivere
(유적지)

Fuente del Hospitalejo

Villotilla

Quintanilla de la Cueza

Casa Romana

N-120

Cruce (교차점)
4.5

Bustillo del Paramo de Carrion

A-231

Privado(80)
7.0

CALZADILLA de la CUEZA

rio Cueza
(쿠에사 강)

Santa Maria de las Tiendas

Cruce (교차점)
6.5

Poblacion de Arroyo

rio Templarios
(템플라리오스 강)

Privado(50) Jacques de Molay
2.8

Santiago

Privado(52)
El Palomar

LEDIGOS

TERRADILLOS

🚶 16구간. 카리온 데 로스 콘데스
➡ 테라디요스 데 로스 템플라리오스 26.8km

| 카리온 데 로스 콘데스 | 칼사다 로마나 | 교차점 | 칼사디야 데 라 케사 | 레디고스 | 테라디요스 데 로스 템플라리오스 |

◆ **구간포인트**

그늘이 거의 없는 평탄한 흙길이 대부분이다. 게다가 산 소일로 수도원을 지나면 16.3km(칼사디야 데 라케사까지) 동안 Bar가 없는 길을 걸어야 한다. 따라서 간식과 식수를 미리 충분히 챙겨야 한다.

카리온 데 로스 콘데스 Carrion de los Condes
→ 칼사다 로마나(로마 길) Calzada Romana `6km`

산티아고 성당을 지나 카리온 강을 건너면 산 소일로 수도원(현재는 호텔과 박물관으로 이용)에 이른다. 카예 산 소일로를 따라가다 만난 교차로를 건너서 주유소(오른쪽)를 지나 계속 직진한다. N-120을 만나는 교차로에서 화살표 방향을 따라 한적한 아스팔트 순례길을 택한다. 순례길을 따라 계속 걸으면 베네비베레 대수도원 유적지(오른쪽)를 지나 이내 단단한 흙길인 칼사다 로마나(로마 길)의 시작점에 이른다.

칼사다 로마나(로마 길) Calzada Romana → 교차점 Cruce (4.5km) `10.5km`

고대 로마 때부터 있었던 단단한 흙길을 따라 걷는다. 오스피탈레호 샘터 (오른쪽), 포장마차 Bar(오른쪽, 영업일과 시간이 일정치 않음)를 지나 로마 길과 아스팔트길이 만나는 교차점에 도착한다.

교차점 Cruce → 칼사디야 데 라 케사 Calzadilla de la Cueza (7km) `17.5km`

아스팔트길을 건너 로마길을 따라 계속 걷다가 칼사디야 데 라 케사로 들어간다. 마을 순례길에서 약간 왼쪽으로 벗어나 있는 카미노 레알 Bar에서 휴식을 취한다.

칼사디야 데 라 케사 Calzadilla de la Cueza

→ 레디고스 Ledigos (6.5km)　　　　　24km

마을을 벗어나면 N-120의 옆길을 따라 순례길이 이어진다. 산타 마리아 데 라스 티엔다스를 지나 약한 오르막길을 오르면 N-120의 건너편에 있는 휴식공원이 보인다. 도로를 따라 계속 진행하다 보면 레디고스가 오른쪽에 보인다. 조심하며 N-120을 건너 레디고스에 진입한다

레디고스 Ledigos

→ 테라디요스 데 로스 템플라리오스 Terradillos de los Templarios **(2.8km)** `26.8km`

마을을 벗어나면 다시 N-120 옆길을 따라 계속 걷는다. 그러다가 왼쪽으로 꺾으면 로스 템플라리오스 알베르게를 지나 테라디요스 데 로스 템플라리오스 마을 중심으로 들어간다. 이 마을은 과거 템플 기사단의 근거지가 있던 곳이지만 아쉽게도 현재 그 흔적이 남아 있지 않고 메세타 시골 마을의 한적함만을 느낄 수 있는 곳이다.

17구간. 테라디요스 데 로스 템플라리오스 ← 엘 부르고 라네로 고도

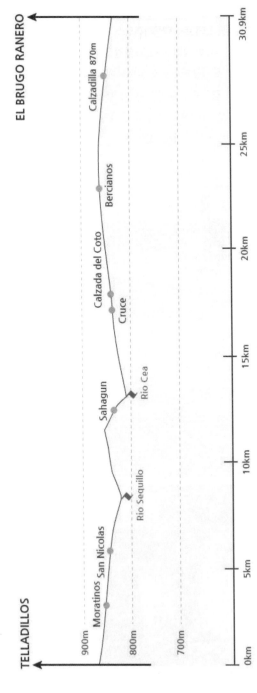

EL BRUGO RANERO

Calzadilla 870m

Bercianos

Calzada del Coto

Cruce

Rio Cea

Sahagun

Rio Sequillo

San Nicolas

Moratinos

TELLADILLOS

900m
800m
700m

0km   5km   10km   15km   20km   25km   30.9km

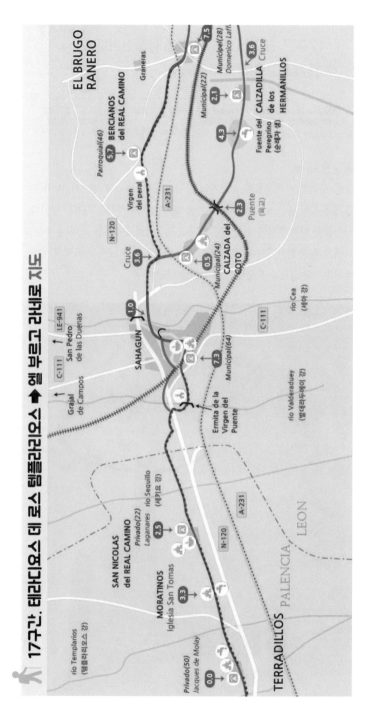

17구간. 테라디요스 데 로스 템플라리오스 → 엘 부르고 라네로 지도

EL BRUGO RANERO

- Municipal(28) Domenico Laffi · 7.5
- CALZADILLA de los HERMANILLOS · 3.6 Cruce
- Municipal(22) · 2.1
- Fuente del Peregrino (순례자 샘) · 4.3

BERCIANOS del REAL CAMINO
- Parroquial(46) · 5.7

Graneras

Virgen del peral

A-231

N-120

Cruce · 3.6

Puente (윗교) · 2.3

CALZADA del COTO
- Municipal(24) · 0.5

rio Cea (세아 강)

C-111 ← LE-941

San Pedro de las Duenas

SAHAGUN · 1.0

Grajal de Campos · C-111

Municipal(64) · 7.3

rio Valderaduey (발데라두에이 강)

Ermita de la Virgen del Puente

SAN NICOLAS del REAL CAMINO
- Privado(22) Laganares · 2.5

rio Sequillo (세키요 강)

MORATINOS
Iglesia San Tomas · 3.3

N-120

A-231

TERRADILLOS
- Privado(50) Jacques de Molay · 0.0

rio Templarios (템플라리오스 강)

PALENCIA LEON

◈ **구간포인트**

초반 구간은 사아군으로 이어지는 N-120 도로 옆길을 걷는다. 사아군은
중세 유적이 많은 도시로 잠시 시간을 내어 둘러볼 시간을 가지길 권한다.
사아군을 나와 도로옆 길을 따라가다 교차점에서 목적지를 선택(엘 부르고
라네로 혹은 칼사디야 데 로스 에르마니요스)한다. 이곳부터 목적지까지는
평탄하지만 그늘과 식수대가 거의 없는 구간이다.

테라디요스 데 로스 템플라리오스 Terradillos de los Templarios

→ 모라티노스 Moratinos `3.3km`

마을을 나와 N-120과 나란히 난 시골길을 따라 걷다가 아스팔트 길을 건너면 모라티노스로 가는 흙길로 이어진다.

모라티노스 Moratinos

→ 산 니콜라스 델 레알 카미노 San Nicolas del Real Camino (2.5km) `5.8km`

화살표 방향에 주의해서 모라티노스를 나와 산 니콜라스 델 레알 카미노(팔렌시아 주의 마지막 마을)로 가는 시골길을 걷는다.

산 니콜라스 델 레알 카미노 San Nicolas del Real Camino

→ 사아군 Sahagun (7.3km) `13.1km`

마을을 나와 N-120 옆길을 걸어 카라스코 봉(팔렌시아 주와 레온 주의 경계선)에 이른다. 도로를 우회해 내리막길을 따라가다가 발데라두에이 강 Rio Vaderoduey과 N-120을 건너 오른쪽 흙길로 이동한다. '다리의 성모 예배당'과 N-120 아래 지하도를 지나 사아군에 진입한다. 사아군은 유서 깊은 중세도시로 트리니다드 성당, 산 후안 성당, 산 로렌소 성당, 시청사, 산 티르소 성당, 산 베니토 아치문 등을 둘러본다.

사아군 Sahagun → 교차점 Cruce (4.6km) `17.7km`

사아군을 나와 아스팔트길 옆을 계속 걸어 다시 N-120을 만난다. N-120
의 옆길을 따라 걷다가 N-120을 건너 조금 더 진행하면 버스정류장(왼쪽)
이 나오는 데 이곳이 교차점이다. 이곳에서 오늘의 목적지(엘 부르고 라네
로 혹은 칼사디야 데 로스 에르마니요스)로 가는 루트를 선택할 수 있다.

  ① 직진 후 오른쪽 흙길(A-231과 나란히 이어지는)로 걸어 엘 부르고
    라네로로 가는 루트다.
  ② 우측에 있는 고가다리(A-231 위에 놓인)를 건너 칼사다 델 코토를 거
    쳐 칼사디야 데 로스 에르마니요스로 가는 루트다.

교차점 Cruce
→ 베르시아노스 델 레알 카미노 Bercianos del Real Camino (5.7km) `23.4km`

A-231과 나란히 이어진 흙길(가로수가 촘촘히 심어져 있는)을 따라 베르
시아노스 델 레알 카미노로 들어간다. 마을 초입의 Bar에서 잠시 휴식을 취
하는 것이 좋다.

베르시아노스 델 레알 카미노 Bercianos del Real Camino

→ 엘 부르고 라네로 El Burgo Ranero (7.5km)　30.9km

마을을 나와 아스팔트 옆길을 따라 계속 걷다가 A-231 아래를 지나면 엘 부르고 라네로로 진입한다.

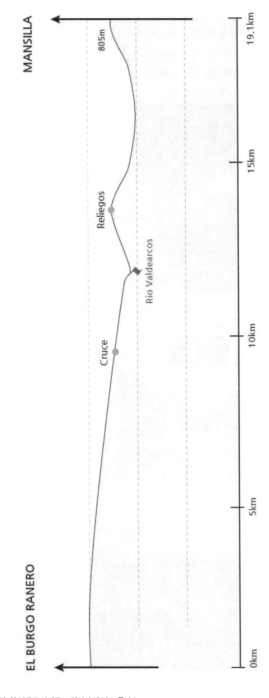

18구간. 엘 부르고 라네로 ➜ 만시야 데 라스 물라스

EL BURGO RANERO

Cruce

Rio Valdearcos

Reliegos

805m

MANSILLA

0km 5km 10km 15km 19.1km

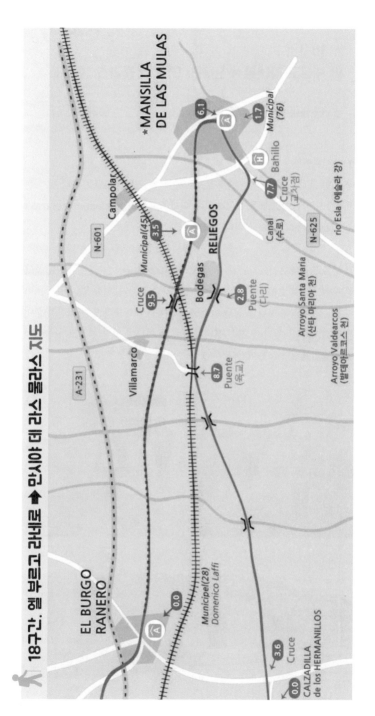

18구간. 엘 부르고 라네로 ➡ 만시야 데 라스 물라스 지도

*MANSILLA DE LAS MULAS

Campolar

N-601

Municipal(45)

Cruce 9.5

Villamarco

A-231

EL BURGO RANERO

Municipal(28)
Domenico Laffi

0.0

CALZADILLA
de los HERMANILLOS

0.0

3.6 Cruce

8.7 Puente
(육교)

Bodegas

RELIEGOS

3.5

2.8 Puente
(다리)

Arroyo Santa Maria
(산타 마리아 천)

Arroyo Valdearcos
(발데아르코스 천)

Canal
(수로)

N-625

rio Esla (에슬라 강)

7.7 Cruce
(교차점)

Bahillo

Municipal
(76)

1.7

6.1

18day

🚶 18구간.
엘 부르고 라네로 ➡ 만시야 데 라스 물라스 19.1km

| 엘 부르고 라네로 | 렐리에고스 | 만시야 데 라스 물라스 |

◆ **구간포인트**

국도 옆 흙길을 따라 걷는 전체적으로 평이한 구간이다. 길을 따라 서 있는
가로수가 약간의 그늘을 제공해준다. 다만 렐리에고스(13km)까지는 Bar가
없으므로 간식과 식수를 미리 챙겨야 한다.

엘 부르고 라네로 El Burgo Ranero ➡ **렐리에고스** Reliegos   `13km`

엘 부르고 라네로를 나와 국도 옆 흙길을 따라 걷는다. 왼쪽 멀리 있는 비야
마르코를 우회해 지나면 철길 아래를 통과하는 지하도가 있는 교차점에 이
른다. 기찻길을 건너서 계속 걷다가 오른쪽 언덕에 와인 저장고가 늘어서
있는 렐리에고스로 들어간다.

렐리에고스 Reliegos

→ 만시야 데 라스 물라스 Mansilla de las Mulas (6.1km) `19.1km`

마을을 나오면 다시 국도 옆 흙길을 걸어 만시야 데 라스 물라스 외곽의
N-601을 고가를 통해 건넌다. 수로를 건너 직진해 산타 마리아 아치문을
통과해 만시야 데 라스 물라스의 구시가지로 들어온다. 만시야 데 라스 물
라스는 중세의 벽으로 둘러싸인 아기자기한 구시가지가 매력인 곳으로 예
전 노새 시장이 열렸던 포소 광장과 함께 레냐 광장, 그라노 광장 등이 볼
만하다.

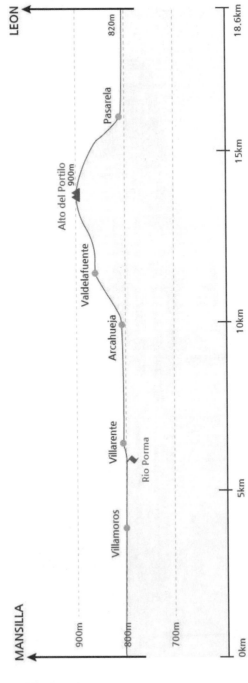

고도표

LEON

820m

Pasarela

Alto del Portilo
900m

Valdelafuente

Arcahueja

Villarente

Rio Porma

Villamoros

MANSILLA

900m

800m

700m

0km   5km   10km   15km   18.6km

19구간. 만시야 데 라스 물라스 → 레온 지도

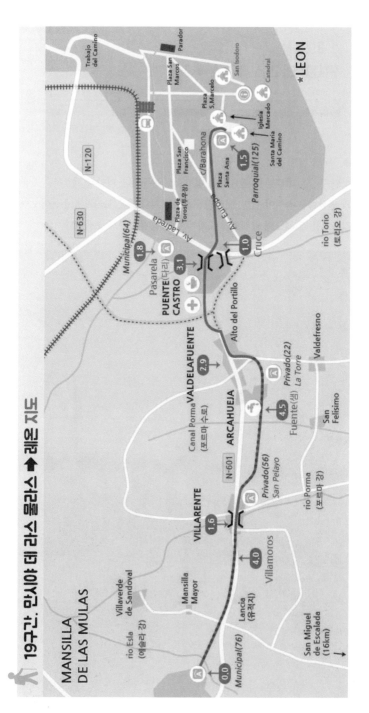

MANSILLA
DE LAS MULAS

LEON

산티아고 순례길 가이드북 | 185

19구간.
만시야 데 라스 물라스 ➡ 레온 18.6km

만시야 데 라스 물라스 비야렌데   아르카우에하   다리   레온

◆ **구간포인트**

이번 구간은 대부분 N-601 도로 방향으로 이동한다. 따라서 시끄러운 소음
과 번잡함을 참아야 한다. 발델라푸엔테를 지나 레온 교외지역에 들어오면
길표시를 잘 체크해 알베르게로 가는 길을 잃지 않도록 조심한다.

만시야 데 라스 물라스 Mansilla de las Mulas → 비야렌테 Villarente `5.6km`

에슬라 강을 건너 포장도로와 나란히 나있는 흙길을 따라간다. 주유소(뒤에는 란시아 유적지가 있음)를 지나 비야모로스 데 만시야로 들어간다. 마을을 지나는 길은 대형차량이 많이 지나가는 N-601과 붙어 있으므로 도보 시 특히 주의한다.

순례자 길을 계속 가다 포르마 강Rio Porma에 놓인 인도교를 건넌다.
오른쪽에 보이는 돌다리 아래를 통과해 다시 N-601 옆 인도로 올라서면
비야렌테이다.

비야렌테 Villarente → 아르카우에하 Arcahueja (4.5km)　`10.1km`

비야렌테의 중심가에 있는 상점들을 지나 마을끝에 이르면 오른쪽에 있는 넓은 흙길로 들어선다. 순례길을 따라가면 A-60 아래를 지나는 지하도를 통과해 아르카우에하가 있는 언덕을 오른다.

아르카우에하 Arcahueja → 다리(인도교) Pasarela (6km)　`16.1km`

짧은 내리막 이후 다시 완만한 오르막길을 올라 발델라푸엔테Valdelafuente 에 있는 공장지대에 이른다. 이곳에서 좌측으로 꺾으면 다시 N-601을 만 난다. N-601 옆길을 따라 포르티요 언덕Alto del Portillo을 넘어가면 철재 다리가 나온다. 철재다리를 통해 N-601을 건너가면 레온Leon 시내가 눈 앞에 들어온다. 도로 옆의 좁은 갓길을 따라 내려가 높은 육교로 우회 도 로를 건넌다.

산타 이사벨 병원(왼쪽)을 지나 아베니다 마드리드를 따라직진하다가 왼쪽 카예 빅토리아노 마르티네스로 걷는다. 토마스 마요 광장에서 잠시 휴식을 취하고 토리오 강의 다리(인도교)를 건넌다.

다리(인도교) Pasarela → 레온 Leon (2.5km) `18.6km`

주도로의 인도를 따라 걸어 네거리에 닿으면 다시 길을 건너 계속 직진해 분
수와 그늘이 있는 산타 안나 광장에 이른다. 광장에서 카예 바라오나를 따라
걸어 레온의 구시가지로 진입한다.

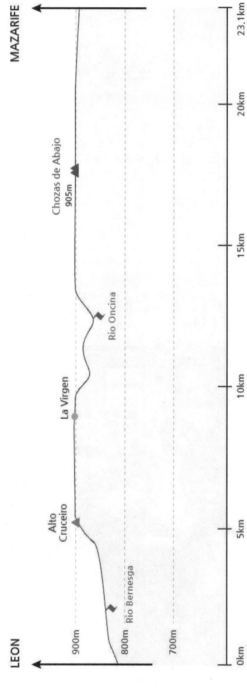

20구간. 레온 ➜ 비야르 데 마사리페 구간

LEON

900m

800m

700m

Rio Bernesga

Alto
Cruceiro

La Virgen

Rio Oncina

Chozas de Abajo
905m

MAZARIFE

0km   5km   10km   15km   20km   23.1km

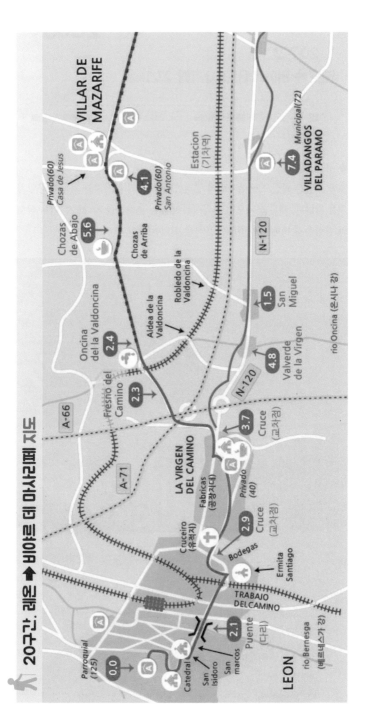

20구간. 레온 ➡ 비야르 데 마사리페 지도

VILLAR DE MAZARIFE

Estacion (기차역)

Municipal(72) 7.4

VILLADANGOS DEL PARAMO

N-120

Privado(60) Casa de Jesus

Chozas de Abajo 5.6

Chozas de Arriba

Privado(60) San Antonio 4.1

Robledo de la Valdoncina

Aldea de la Valdoncina

San Miguel 1.5

Oncina de la Valdoncina 2.4

Valverde de la Virgen 4.8

rio Oncina (온시나 강)

Fresno del Camino 2.3

N-120

A-66

Cruce (교차점) 3.7

A-71

LA VIRGEN DEL CAMINO

Fabricas (공장지대)

Privado (40)

Cruceiro (유적지)

Cruce (교차점) 2.9

Bodegas

Ermita Santiago

TRABAJO DEL CAMINO

Parroquial (125)

0.0

Catedral

San Isidoro

San marcos

Puente (다리) 2.1

LEON

rio Bernesga (베르네스가 강)

20day

🚶 20구간.
레온 ➡ 비야르 데 마사리페 23.1km

레온   라 비르헨 델 카미노   초사스 데 아바호   비야르 데 마사리페

◆ **구간포인트**

초반 구간은 화살표가 어지럽게 널려 있는 레온의 시가지와 외곽의 공업지
대를 지난다. 레온을 나오면 편의시설이 없는 촌락들을 지나므로 미리 식수
와 간식을 준비해두고 충분한 휴식을 취하는 것이 좋다.

레온 Leon → 라 비르헨 델 카미노 La Virgen del Camino `8.7km`

카예 루아를 따라 마르셀로 광장에 들어선다. 이곳에는 산 마르셀로 성당, 카세 보티네스(가우디 건축물), 구스마네스 궁이 모여 있다. 카예 안차를 따라가면 레글라 광장에 고딕 양식의 레온 대성당이 있다. 대성당은 스테인드 글라스, 회랑과 대성당 박물관 등이 유명하다.

성당 앞을 지나 산 이시도로 광장에 들어서는데 산 이시도로의 유해가 세비야에서 옮겨져 묻힌 산 이시도로 바실리카가 있는 곳이다. 바실리카는 용서의 문, 박물관 등이 볼 만하다. 카예 레누에바를 따라 직진해 교차로를 지나면 파라도르와 산 마르코스 수도원이 있는 산 마르코스 광장에 닿는다. 산 마르코스 수도원은 세밀한 외벽 조각과 웅장한 분위기를 풍기며 국영 호텔 체인인 파라도르는 멋진 분위기의 회랑과 정원, 편안한 느낌의 Bar가 일품이다.

16세기 만들어진 베르네스가 강Rio Bernesga의 다리를 건너면 레온의 외곽 지대로 들어선다. 아베니다 케베도에서 시작해 화살표를 따라 기찻길 위로 난 인도교를 건넌다. 다시 직진하다가 산티아고 예배당 근처에서 화살표 방향을 따라 왼쪽 골목길로 들어서면 사거리에 이른다. 빠른 속도로 지나가는 차량들을 주의해 길을 건너면 와인 저장소가 있는 오르막길을 따라간다.

이제부터 공장지대를 지나는 길을 따라가다 N-120을 만난다. 국도 옆 인도를 따라 라 비르헨 델 카미노를 지난다. 길을 따라 있는 Bar에서 잠시 휴식을 취한다.

라 비르헨 델 카미노 La Virgen del Camino

→ 초사스 데 아바호 Chozas de Abajo **(10.3km)** `19km`

마을 끝에서 N-120을 건너서 화살표를 따라 걸으면 ① 비야르 데 마사리페 ② 비야당고스 델 파라모의 갈림길이 나온다. ① 번 루트를 택하면 A-71과 A-66의 교차로를 건너 프레스노 델 카미노에 도착한다.

이제부터 프레스노 계곡을 따라 오시나 데 라 발돈시나로 길이 이어진다. 이 마을을 지나면 포장길에 지루해진 순례자에게 초사스 데 아바호로 이어지는 시골길이 펼쳐진다. 초사스 데 아바호에서 잠시 휴식을 취한다.

초사스 데 아바호 Chozas de Abajo

→ 비야르 데 마사리페 Villar de Mazarife **(4.1km)** `23.1km`

초사스 데 아바호에서 한숨을 돌린 순례자는 다시 한적한 시골길을 따라 비야르 데 마사리페로 진입한다.

• •

② 번 루트

레온 외곽에서 N-120과 나란히 난 길을 따라 오스피탈 데 오르비고로 가는 루트다. 다소 긴 구간이지만 전체적으로 평이한 길을 걷는다. 산 마르틴 델 카미노에서 충분한 휴식을 취하고 오스피탈 데 오르비고로 마지막 힘을 내 걷는다. 목적지의 멋진 중세 다리가 감동의 선물을 지친 순례자에게 선사할 것이다.

라 비르헨 델 카미노 La Virgen del Camino

→ 산 미겔 델 카미노 San Miguel del Camino **(6.3km)** `15km`

비야당고스 델 파라모로 가는 ② 번은 N-120과 나란히 난 길을 따라 걷는다 흙길을 걸어 인터체인지 아래 터널을 지난다. 화살표의 방향이 다소 희미하므로 주의해야 한다. 터널을 나와 오른쪽으로 방향을 잡으면 다시 길은 N-120과 나란히 이어진다. 발베르데 데 라 비르헨을 지나 산 미겔 델 카미노에 이른다.

산 미겔 델 카미노 San Miguel del Camino

→ 비야당고스 델 파라모 Villadangos del Paramo **(7.4km)** `22.4km`

N-120 옆으로 난 오솔길을 따라 걸으면 호텔 아베니다와 주유소를 지나 공립 알베르게에 이른다. N-120을 횡단(차량주의!)해 순례길은 비야당고스 델 파라모의 중심 주택가를 지난다.

비야당고스 델 파라모 Villadangos del Paramo

→ 산 마르틴 델 카미노 San Martin del Camino **(4.4km)** `26.8km`

비야당고스 델 파라모를 나오면 나무가 늘어선 오솔길로 들어선다. 다시 만난 N-120을 건너(차량주의!) 국도 옆으로 반듯하게 난 흙길을 따라 멀리 희미하게 급수탑이 보이는 산 마르틴 델 카미노로 진행한다. 마을의 초입의 산타 아나Santa Ana 알베르게나 공립 알베르게 앞에 있는 Bar에서 간식과 함께 휴식을 취한다.

산 마르틴 델 카미노 San Martin del Camino

→ 오스피탈 데 오르비고 Hospital de Orbigo **(7.2km)** `34km`

마을을 통과하면 다시 길은 N-120과 나란히 이어지고 수로를 지난다. 국도 옆을 지나는 자동차의 소음이 지루해 질 무렵 길은 N-120을 벗어나 오른쪽으로 향한다. 급수탑을 지나면 이내 오스피탈 데 오르비고의 중세 다리에 다다른다.

21구간. 비야르 데 마사리페 ➡ 아스토르가 고도

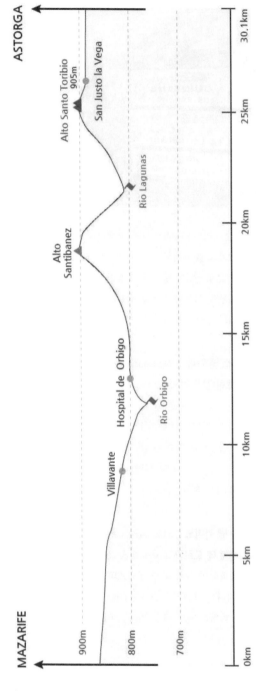

MAZARIFE

Villavante

Hospital de Orbigo

Rio Orbigo

Alto Santibanez

Rio Lagunas

Alto Santo Toribio
905m

San Justo la Vega

ASTORGA

900m
800m
700m

0km 5km 10km 15km 20km 25km 30.1km

21구간: 비야르 데 마사리페 ➔ 아스토르가 지도

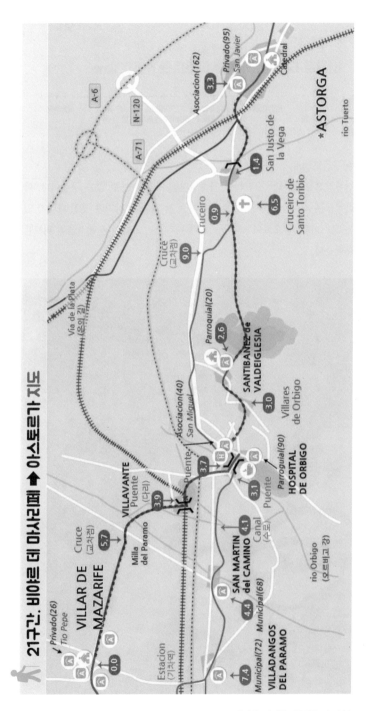

A-6

N-120

A-71

Privado(95)

San Javier

Catedral

Asociacion(162) 3.3

*ASTORGA

rio Tuerto

San Justo de la Vega

1.4

Cruceiro de Santo Toribio 6.5

Cruceiro 0.9

Cruce (교차점) 9.0

Via de la Plata (은의 길)

Parroquial(20) 2.6

SANTIBAÑEZ de VALDEIGLESIA

3.0

Villares de Orbigo

Asociacion(40) San Miguel

Puente 3.7

Parroquial(90) HOSPITAL DE ORBIGO

Puente 3.1

VILLAVANTE Puente (다리) 3.9

Cruce (교차점) 5.7

Milla del Paramo

Canal (수도) 4.1

SAN MARTIN del CAMINO

rio Orbigo (오르비고 강)

VILLAR DE MAZARIFE

Privado(26) Tio Pepe

0.0

4.4

Municipal(68)

Estacion (기차역)

Municipal(72)

VILLADANGOS DEL PARAMO

7.4

🚶 21구간.
비야르 데 마사리페 ➡ 아스토르가 30.1km

비야르   비야반테   오스피탈   산티바네스   산 후스토   아스토르가
데 마사리페   데 오르비고   데 발데이글레시아   데 라 베가스

◈ 구간포인트

전체적으로 평이한 구간들이 계속되지만 마을이 자주 없는 구간이다. 따라서 식수와 간식은 여유있게 준비하는 것이 좋다. 하지만 멋진 다리가 있는 오스피탈 데 오르비고와 군데군데 나타나는 그늘이 순례자들의 피로를 풀어준다.

비야르 데 마사리페 Villar de Mazarife → 비야반테 Villavante `9.6km`

마을을 나오면 지방도를 건너 조용한 흙길을 따라 교차로까지 이동한다. 교차로를 건너면 다시 흙길로 비야반테까지 닿는다.

비야반테 Villavante

→ 오스피탈 데 오르비고 Hospital de Orbigo (3.7km) `13.3km`

철길 위 다리를 건너 왼쪽으로 꺾은 뒤 시골길을 택한다. 아스팔트 도로에 이르면 오른쪽으로 걸어 A-71와 N-120을 차례로 건넌다. 다시 시골길을 따라 급수탑을 지나 푸엔테 데 오르비고 마을에 닿는다. 오르비고 강을 가로지르는 멋진 중세 다리를 건너 오스피탈 데 오르비고Hospital de Orbigo 마을에 진입한다. 오르비고 다리는 세르반테스의 『돈키호테』에 모티브를 준 '돈 수에로 기사의 이야기'로 유명한데, 스페인에서 가장 길고 오래된 중세 다리 중 하나다.

오스피탈 데 오르비고 Hospital de Orbigo

→ 산티바네스 데 발데이글레시아 Santibanez de Valdeiglesia (5.6km) `18.9km`

마을을 나오면 갈림길이 ① 흙길 루트(오른쪽 선택해 산티바네스 데 발데이글레시아 경유) ② 도로 옆길 루트(직진 선택)가 나온다. 이곳에서 오른쪽을 선택 흙길로 걷는다. 비야레스 데 오르비고를 지나면 완만한 오르막이 이어지다 다시 포장길을 만난다. 멀리 보이는 산티바네스 데 발데이글레시아로 들어간다. 마을 중심에 있는 Bar에서 인적이 드문 길을 대비해 잠시 휴식을 취한다.

산티바네스 데 발데이글레시아 Santibanez de Valdeiglesia

→ 산 후스토 데 라 베가 San Justo de la Vega (7.9km) `26.8km`

마을을 나와 넓은 흙길을 따라 걷는다. 화살표가 잘 보이지 않는 곳이 있으므로 특히 주의한다. 약한 오르막길을 오르면 관목지와 경작지를 지나 산토 토리비오 십자가Cruceiro de Santo Toribio에 도착한다. 이곳에서 경건한 마음과 함께 아스토르가의 전경을 마음에 담는다. 이제부터 발목에 부담을 주는 포장 내리막길이 순례 기념상까지 이어진다. 다시 만난 국도의 인도를 따라 산 후스토 데 라 베가에 들어간다.

산 후스토 데 라 베가 San Justo de la Vega

→ 아스토르가 Astorga (3.3km)

30.1km

투에르토 강Rio Tuerto의 다리를 건너 오른쪽의 흙길을 선택한다. 몰데라 다리를 건너 왼쪽으로 꺾으면 철길을 넘는 철제다리가 나타난다. 쿵쾅거리는 소리를 내며 철길을 건너면 길은 다시 국도에 합류한다. 교차로에서 트라베시아 미네르바를 따라 아스토르가에 다다른다. 가파른 경사길인 카예 푸에르타 솔을 따라가면 구시가지에 닿는다. 아스토르가는 시나고가 공원, 로마 박물관, 마요르 광장, 초콜릿 박물관, 산타 마리아 대성당, 대성당 박물관, 주교의 궁(가우디 건축)은 둘러볼 만하다.

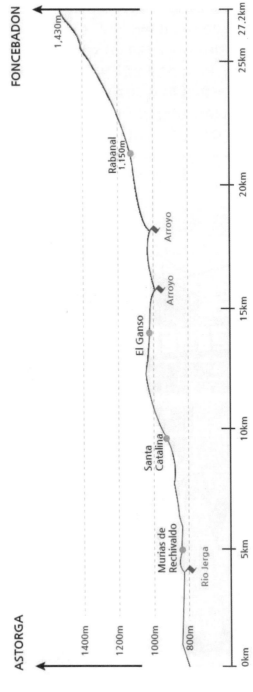

22구간. 아스토르가 ➡ 폰세바돈 고도

ASTORGA

FONCEBADON

1.430m

Rabanal
1.150m

Arroyo

Arroyo

El Ganso

Santa
Catalina

Murias de
Rechivaldo

Rio Jerga

1400m
1200m
1000m
800m

0km 5km 10km 15km 20km 25km 27.2km

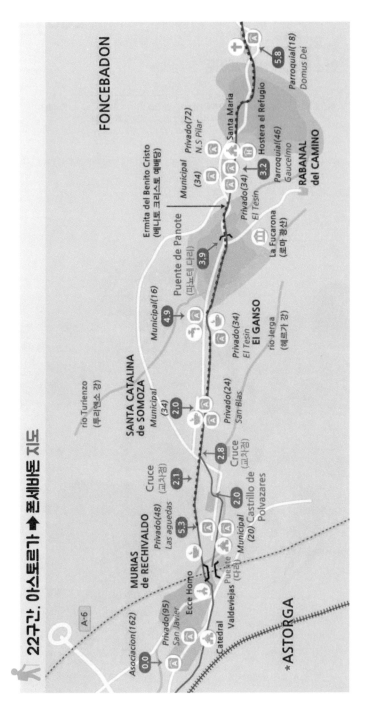

22구간. 아스토르가 ➡ 폰세바돈 지도

FONCEBADON

Parroquial(18)
Domus Dei
5.8

Santa Maria
Municipal
(34)
Privado(72)
N.S Pilar

Hostería el Refugio

Parroquial(46)
Gaucelmo
3.2

RABANAL
del CAMINO

Ermita del Benito Cristo
(베니토 크리스토 예배당)

Privado(34)
El Tesín

La Fucarona
(로마 광산)

Puente de Panote
(판쵸테 다리)
3.9

Municipal(16)
4.9

rio Turienzo
(투리엔소 강)

SANTA CATALINA
de SOMOZA

Municipal
(34)

rio Jerga
(헤르가 강)

Privado(34)
El Tesín
El GANSO

Privado(24)
San Blas
2.0

Cruce
(교차점)
2.8

Cruce
(교차점)
2.1

MURIAS
de RECHIVALDO

Privado(48)
Las águedas
5.3

Municipal
(20) Castrillo de
Polvazares
2.0

A-6

Asociación(162)
0.0

Privado(95)
San Javier

Ecce Homo

Catedral
Valdeviejas Puente
(다리)

*ASTORGA

산티아고 순례길 가이드북 | **209**

🚶 22구간.
아스토르가 ➡ 폰세바돈 27.2km

아스토르가   무리아스   산타 카탈리나   엘 간소   라바날   폰세바돈
         데 레치발도   데 소모사   델 카미노

◆ 구간포인트

완만한 오르막길을 걸어 이라고 산 정상 아랫마을(폰세바돈)까지 이동한다. 산지의 기온과 날씨는 변동이 심하므로 필수 장비(보온 및 방풍의류, 우의, 등산화 등)를 아스토르가에서 미리 준비해야 한다. 여정 중간에 있는 마을의 Bar에서 간간이 휴식을 취하며 여유롭게 걷기를 권한다.

아스토르가 Astorga
→ 무리아스 데 레치발도 Murias de Rechivaldo `5.3km`

아스토르가 대성당을 지나 주교의 문을 통과해 카예 산 페드로에 이른다. 카예 산 페드로를 따라 걷는다 교차로를 건너 아스팔트길의 인도를 따라 직진한다. 레시덴시아 산 프란시스코와 에세 오모를 지나면 A-6을 건너는 고가다리를 만난다. 고가다리를 건너 부도로와 나란한 순례길을 따라 헤르가 강을 지나 무리아스 데 레치발도에 진입한다.

무리아스 데 레치발도 Murias de Rechivaldo
→ 산타 카탈리나 데 소모사 Santa Catalina de Somoza (4.1km) `9.4km`

카예 아Calle A를 따라 마을을 나오면 오솔길로 걷는다. 교차로를 건너 아스팔트 옆길을 따라 산타 카탈리나 데 소모사로 들어간다.

산타 카탈리나 데 소모사 Santa Catalina de Somoza

→ 엘 간소 El Ganso (4.9km) `14.3km`

마을을 나와 다시 아스팔트 옆길로 엘 간소에 이른다. 성당을 지나 오른쪽
에 보이는 상점에서 잠시 휴식을 취한다.

엘 간소 El Ganso → **라바날 델 카미노** Rabanal del Camino **(7.1km)** 21.4km

아스팔트 옆길이 계속 이어지고 파뇨테 다리Puente de Panote를 건넌다. 오른쪽 숲속으로 난 오르막길을 올라 다시 아스팔트 옆길을 걷는다. 라바날에 들어가기 직전 18세기의 '베니토크리스토 예배당'(왼쪽)을 지나 오른쪽으로 도로를 벗어나 카예 레알을 통해 라바날 델 카미노(고도 1,150m)로 들어간다. 마을 중심의 산타 마리아 성당을 둘러본 후 폰세바돈까지 이르는 가파른 오르막길을 대비해 Bar에서 잠시 휴식을 취한다.

라바날 델 카미노 Rabanal del Camino

→ 폰세바돈 Foncebadon (5.8km) `27.2km`

오르막길을 따라 마을을 나오면 아스팔트 도로를 가로지른다. 투리엔소 계
곡을 따라 엘 텔레노 산을 향해 올라간다. 카미노 표지판(고도 1,150m)을
만나면 왼쪽으로 꺾어 폰세바돈(고도 1,430m) 에 들어선다.

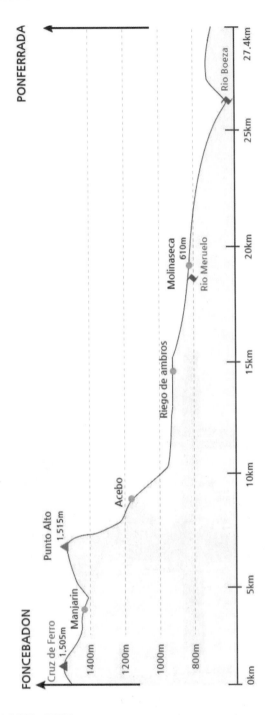

23구간. 폰세바돈 ⬆ 폰페라다 고도

PONFERRADA

FONCEBADON

Cruz de Ferro
1.505m

Manjarin

Punto Alto
1.515m

Acebo

Riego de ambros

Molinaseca
610m

Rio Meruelo

Rio Boeza

1400m
1200m
1000m
800m

0km 5km 10km 15km 20km 25km 27.4km

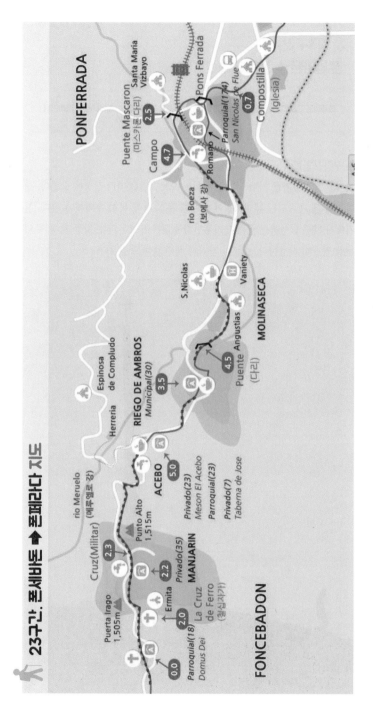

23구간. 폰세바돈 ➡ 폰페라다 지도

PONFERRADA

Puente Mascaron
(마스카론 다리) 2.5
Santa Maria
Vizbayo

Pons Ferrada

Campo 4.7

Romano

Parroquial(17.4) 0.7
San Nicolas de Flue

Compostilla
(Iglesia)

rio Boeza
(보에사 강)

S.Nicolas

Vaniety

Puente Angustias 4.5
(다리)

MOLINASECA

RIEGO DE AMBROS
Municipal(30) 3.5

Espinosa
de Compludo

Herreria

rio Meruelo
(메루엘로 강)

Punto Alto
1,515m

ACEBO 5.0

Privado(23)
Meson El Acebo
Parroquial(23)
Privado(7)
Taberna de Jose

Cruz(Militar) 2.3

Privado(35) 2.2
MANJARIN

Ermita

Puerta Irago
1,505m

Parroquial(18) 2.0
Domus Dei

La Cruz
de Ferro
(철십자가)

FONCEBADON

0.0

🚶 23구간.
폰세바돈 ➡ 폰페라다 27.4km

폰세바돈　철십자가　만하린　푼토 봉　아세보　리에고　몰리나세카　폰페라다
　　　　　　　　　　　　　　　　　데 암브로스

◆ **구간포인트**

이라고 철십자가를 지나 군데군데 있는 오르막길을 따라 정상에 오른다. 정상 이후에 계속되는 내리막길에서 무릎 부상 등에 특히 주의해야 한다. 산지에서 자주 발생하는 급격한 기후변화에 맞추어 보온의류, 방풍 재킷, 우의 등을 적절히 착용한다. 충분한 간식과 식수 준비도 필수다.

폰세바돈 Foncebadon → 철십자가 La Cruz de Ferro 2.0km

마을을 나와 흙길을 따라 걷다가 아스팔트길 옆으로 진행한다. 철십자가까지 전체적으로 완만한 오르막길이다. 돌무더기 위에 우뚝 세워져 있는 철십자가는 순례길의 상징과도 같다. 철십자가(고도 1,505m)의 기둥에 기원문(혹은 묵주) 등을 걸고 돌무더기에 조약돌도 올려보자. 그리고는 안전하게 순례길을 마칠 수 있도록 신의 가호를 빌어보자. 철십자가의 뒤편에는 '산티아고 예배당'이 있으며, 맞은편에는 의자가 있는 휴식공간이 있다.

철십자가 La Cruz de Ferro → 만하린 Manjarin (2.2km) `4.2km`

도로와 나란히 나있는 흙길을 따라 만하린에 이른다. 만하린 알베르게 입구에 세워진 각국 국기와 도시 간의 거리 표지판이 눈길을 끈다.

만하린 Manjarin → 푼토 봉 Punto Alto (2.3km) `6.5km`

통신탑이 있는 언덕 기슭을 따라(고도 1,515m) 푼토 봉에 오른다. 서쪽편에는 폰페라다 교외지역이 내려다보인다.

푼토 봉 Punto Alto → 아세보 Acebo (5km) `11.5km`

푼토 봉에서부터 내리막길이 이어진다. 협곡으로 난 돌길을 따라 조심스럽게 내려간다. 다시 만난 아스팔트 길을 건너 가파른 내리막 흙길을 따라 아세보로 들어선다. 아세보는 검은색 석조 기와로 이은 지붕이 인상적인 전형적인 산지마을이다. Bar에 들러 휴식을 취한다.

아세보 Acebo → 리에고 데 암브로스 Riego de Ambros (3.5km) `15km`

아스팔트길을 따라 2km 정도 걷는다. 왼쪽에 있는 흙길을 따라 리에고 데 암브로스에 진입한다.

리에고 데 암브로스 Riego de Ambros

→ 몰리나세카 Molinaseca (4.5km) `19.5km`

마을 중심가를 따라 걷다가 오른쪽으로 경사진 바윗길을 따라 내려간다. 오솔길을 따라 걷다가 오르막길을 오르면 지방도를 건넌다.

Bar(오른쪽)를 지나 계곡 사이로 난 길을 따라 내려가면 몰리나세카로 들어가는 아스팔트 도로와 만난다. 안구스티아스 성당을 지나 아름다운 중세풍 다리를 통해 메루엘로 강을 건너 몰리나세카로 들어간다. 중심지의 카에 레알을 따라 마을을 통과한다.

몰리나세카 Molinaseca → 폰페라다 Ponferrada (7.9km)　`27.4km`

지방도 옆의 인도를 따라 걸으면 폰페라다가 내려다 보이는 교외지 파트리시아에 이른다. 이곳에서 폰페라다로 가는 갈림길을 선택한다.

① 지방도를 벗어나는 왼쪽 흙길을 선택해서 폰페라다를 돌아서 진입하는 루트다.

② 지방도를 따라 내려가 폰페라다 알베르게에 도착하는 다소 짧은 (기존 루트보다 1.4km) 루트다.

① 번 루트를 선택해 캄포를 지나 마스카론 다리까지 걷는다. 대부분 아스팔트길 위를 걷게 되므로 오후의 강렬한 햇빛을 받으면 쉽게 지치기 쉬운 구간이다. 따라서 충분한 수분을 섭취한다. 보에사 강Rio Boeza을 마스카론 다리 Puente Mascaron를 통해 지난 후 또 다시 철도를 건너면 아베니다 카스티요에 진입한다. 오른쪽에 산 니콜라스 데 플루에 알베르게가 보인다. 폰페라다는 템플 기사단 성, 엔시나 광장, 엔시나 대성당, 시계탑 등이 볼 만하다.

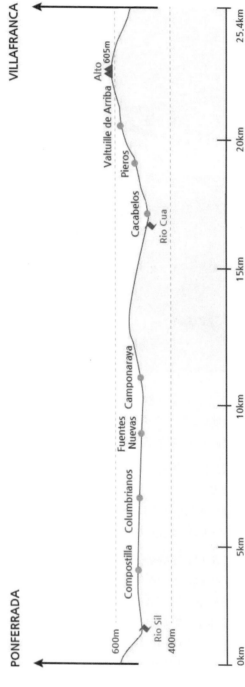

24구간. 폰페라다 ➡ 비야프랑카 델 비에르소 고도

VILLAFRANCA

PONFERRADA

Alto 605m
Valtuille de Arriba
Pieros
Cacabelos
Rio Cua
Camponaraya
Fuentes Nuevas
Columbrianos
Compostilla
Rio Sil

600m
400m

0km 5km 10km 15km 20km 25.4km

24구간. 폰페라다 ➜ 비야프랑카 델 비에르소 지도

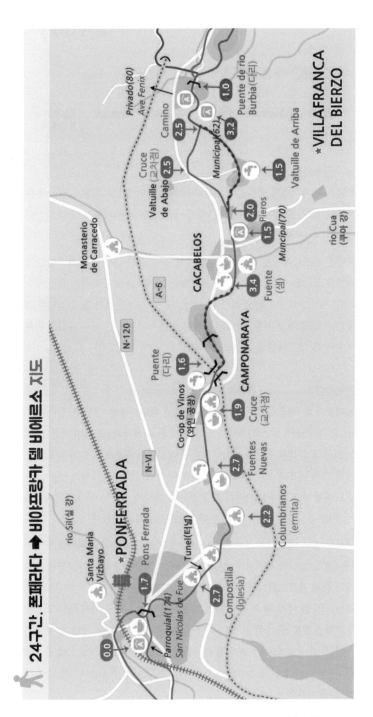

VILLAFRANCA DEL BIERZO

Puente de rio Burbia (다리) — 1.0

Privado(80)
Ave Fenix

Camino — 2.5

Municipal(62) — 3.2

Valtuille de Arriba — 1.5

Cruce (교차점)
Valtuille de Abajo — 2.5

Pieros — 2.0

Muncipal(70) — 1.5

rio Cua (쿠아 강)

Monasterio de Carracedo

CACABELOS

A-6

Fuente (샘) — 3.4

N-120

CAMPONARAYA

Puente (다리) — 1.6

Co-op de Vinos (와인 공장)

Cruce (교차점) — 1.9

Fuentes Nuevas — 2.7

N-VI

Columbrianos (ermita) — 2.2

rio Sil(실 강)

*PONFERRADA

Santa Maria Vizbayo

Pons Ferrada

Tunel(터널) — 1.7

San Nicolas de Fue

Compostilla (Iglesia) — 2.7

Parroquial(174) — 1.7

0.0

산티아고 순례길 가이드북 | **227**

🚶 24구간.
폰페라다 ➡ 비야프랑카 델 비에르소 25.4km

폰페라다   콜룸브리아노스   캄포나라야   카카벨로스   피에로스   비야프랑카
델 비에르소

◈ 구간포인트

초반은 폰페라다의 시가지와 외곽지를 지나는 여정으로 화살표 방향에 주
의해야 한다. 캄포나라야에 있는 와인 공장에 들러 비에르소Bierzo 와인을
맛볼 수 있는 기회도 있다.

후반은 캄포나라야를 나오면 넓은 포도밭 사이로 난 길을 따라 카카벨로스,
피에로스 등의 마을을 지나 비야프랑카 델 비에르소로 들어가는 흙길 구간
이다. 포도밭이 보이는 한적한 풍경을 즐길 수 있는 장점과 함께 강렬한 햇
빛으로 인해 쉽게 지칠 수 있는 단점이 있는 구간이므로 자주 휴식을 취하
며 수분을 섭취해야 한다.

폰페라다 Ponferrada → 콜룸브리아노스 Columbrianos   `6.6km`

알베르게를 나와 산 안드레스 성당을 지나 템플기사단 성 앞을 통과한다.
Bar와 식당들이 있는 엔시나 광장을 지나 폰스 페라다(철교)에 이른다. 철
교를 통해 실강을 건너 오른쪽에 있는 콘코르디아 공원으로 들어간다. 공원
내의 카예 리오 우르디알레스를 따라 가다 아베니다 우에르타스 델 사크라
멘토를 만나면 대로를 따라서 계속 걷는다. 대로가 끝나는 지점의 교차로에
서 아베니다 데 라 리베르타드를 따라 오른쪽으로 진행한다.

교차로 옆의 에너지 박물관을 지나 작은 교차로를 만나면 아베니다 콤포스
티야 인도를 따라 직진한다. 건물의 일부인 아치문을 통과하면 포블라도 광
장과 함께 콤포스티야 성당에 도착한다. 스포츠 센터 측면에서 오른쪽으로
꺾어 인도를 따라 계속 걷는다. 노보 호텔을 지나 N-VI 아래로 난 터널을
통과해 포도밭 사이 길을 걸으면 산 블라스 성당이 나온다. 성당 앞 벤치에
서 잠시 휴식을 취한 후 직진해 CL-631을 건너 콜룸브리아노스에 들어선
다. 마을의 카예 산 블라스옆에 있는 작은 예배당(산 블라스 이 산 로케 예
배당)에 이른다.

콜룸브리아노스 Columbrianos → **캄포나라야** Camponaraya **(4.6km)** `11.2km`

펠릭스 카스트로 방향의 포장길을 따라 계속 걸으면 '성그리스도 예배당'이 있는 푸엔테스 누에바스Fuentes Nuevas에 이른다. 카예 레알을 따라 마을을 나와 계속 직진해 캄포나라야의 초입에 있는 교차점(나라야 알베르게가 있는 지점)에 도착한다.

캄포나라야 Camponaraya → **카카벨로스** Cacabelos **(6.5km)** `17.7km`

캄포나라야의 중심부를 관통하는 아베니다 카미노 데 산티아고를 따라 걸으면 산 일데폰소 성당을 지난다. 잠시 후에 만나는 교차로에서 아베니다 프란시스코 소브린을 따라 진행하면서 캄포나라야를 나간다. 마을 끝에 있는 와인 공장에서 저렴한 가격에 제공하는 비에르소 와인으로 잠시 갈증을 푼다.

고가다리를 통해 A-6을 건너면 포도밭 사이로 난 길이 이어진다. 마가스 계곡의 숲길을 지나 직진하다 지방도를 건넌 후 카카벨로스를 향해 완만한 내리막길을 걷는다. 순례자 쉼터와 식수대를 지나 카카벨로스로 들어간 후 카예 시마데비야를 따라 진행한다. 마을 초입에 있는 산 라사로몬클로아 호텔의 Bar는 좋은 분위기로 순례자들을 맞이한다. 다소 복잡한 마을 중심 가를 걸어서 산타 마리아 성당과 쿠아 강Rio Cua의 다리를 건넌다. 예전에 올리브기름을 짜던 시설(오른쪽)을 지나 성당(공립 알베르게)에 도착한다.

카카벨로스 Cacabelos → 피에로스 Pieros (2.0km) `19.7km`

성당 앞을 지나는 지방도를 따라 걸어올라가면 아담한 피에로스 마을에 닿는다. 11세기의 교구 성당과 식수대가 있는 작은 마을이다. 마을을 지나 0.3km를 더 걸으면 언덕 꼭대기(교차점)에 이른다.

피에로스 Pieros

→ 비야프랑카 델 비에르소 Villafranca del Bierzo (5.7km) `25.4km`

교차점에서 지방도를 벗어난 아스팔트 길(오른쪽)을 택한다. 잠시 후 왼쪽으로 꺾으면 포도밭 사이로 난 자갈길이 이어진다. 그늘이 없는 길을 따라 발튀에 데 아리바에 도착한다. 마을을 나오면 포도밭이 있는 언덕을 오르내리며 걷는다. 두 개의 소나무 사이에 하얀 집이 있는 언덕에 도착하면 내리막을 따라 비야프랑카 델 비에르소로 진행한다.

마을에 들어와 공립 알베르게(오른쪽)를 지나면 산티아고 성당(왼쪽)과 비야프랑카 델 비에르소 성(왼쪽)이 나온다. 성을 지나 카예 델 아구아를 따라 마을 중심부를 통과해 왼쪽 부르비아 다리Puente de Rio Burbia에 닿는다.

비야프랑카 델 비에르소는 '용서의 문'이 있는 산티아고 성당, 독특한 망루가 있는 비야프랑카 델 비에르소 성, 산 프란시스코 성당, Bar와 식당이 모여있는 마요르 광장, 콜레히아타 성당 등이 볼 만하다.

25구간. 비야프랑카 델 비에르소 → 오세브레이로

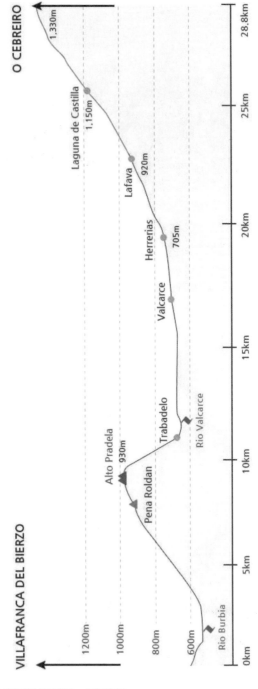

VILLAFRANCA DEL BIERZO

O CEBREIRO

1.330m

Laguna de Castilla
1.150m

Lafava
920m

Herrerias
705m

Valcarce

Alto Pradela
930m

Pena Roldan

Trabadelo

Rio Valcarce

Rio Burbia

1200m
1000m
800m
600m

0km   5km   10km   15km   20km   25km   28.8km

25구간. 비야프랑카 델 비에르소 ➜ 오세브레이로 지도

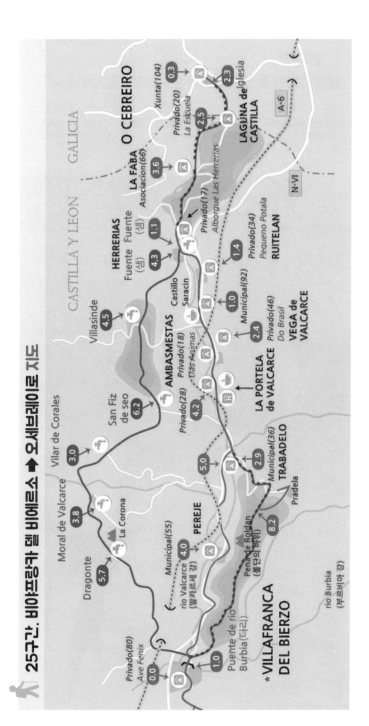

O CEBREIRO

GALICIA

Xunta(104) 0.3 · 2.3

LAGUNA de Iglesia
CASTILLA

Privado(20) 2.5
La Escuela

A-6

LA FABA *Asociacion(66)* 3.6

N-VI

CASTILLA Y LEON

Privado(17) 1.1
Alborgue Las Herrerias

HERRERIAS
Fuente Fuente (샘) 4.3

Privado(34) 1.4
Pequeno Potala
RUITELAN

Villasinde 4.5

Castillo
Saracin

Municipal(92) 1.0

AMBASMESTAS *Privado(18)* 2.4
Das Animas

San Fiz de seo 6.2

Privado(46) 2.4
Do Brasil
VEGA de VALCARCE

Vilar de Corales 3.0

Privado(28) 4.2

LA PORTELA de VALCARCE

Moral de Valcarce 3.8

La Corona

5.0

2.9 ← *Municipal(36)*
TRABADELO

Dragonte 5.7

Municipal(55) 4.0
PEREJE

rio Valcarce (발카르세 강)

Peñare Roldán (롤단의 바위) 8.2

Pradela

Privado(80) 0.0
Ave Fenix

1.0 ← Puente de rio Burbia (다리)

VILLAFRANCA DEL BIERZO

rio Burbia (부르비아 강)

🚶 25구간.
비야프랑카 델 비에르소 ➡ 오세브레이로 28.8km

비야프랑카   페레헤   트라바델로   베가 데   에레리아스   라 파바   라구나   오세브
델 비에르소   발카르세   데 카스티야   레이로

◆ 구간포인트

가파른 오르막길을 걸어 갈리시아 지방으로 진입하는 마지막 남은 힘든 구간이다. 세 가지 루트 옵션이 있어 체력과 날씨 등을 고려해 루트를 선택하는 것이 필요하다.

① **파란색 루트(28.8km/난이도 하/궂은 날씨)**: 포장도로를 따라 마을을 나와 계곡을 따라 이어진 N-VI의 가드레일이 있는 인도를 걷는 루트로 트라바델로에서 **빨간색 루트**와 교차한다. 완만한 경사도와 중간에 쉴 수 있는 마을과 Bar가 있다.

② **빨간색 루트(30.9km/난이도 중/맑은 날씨)**: 부르비아 다리를 건너 오른쪽 언덕길을 따라 프라델라 봉을 오른 후 트라바델로에서 다시 파란색 루트와 교차한다. 오르막길이며 Bar가 없는 구간(11.1km)이 있으므로 간식과 식수를 미리 준비해야 한다.

③ **보라색 루트(37.2km/난이도 상/맑은 날씨)**: 부르비아 다리를 건너면 왼쪽 아스팔트길을 따라 N-VI과 A-6을 넘어 드라곤테로 오른 후 에레리아스에서 다시 빨간색 루트와 교차한다. 가파른 산지 루트로 간식과 식수를 충분히 준비해야 한다.

경쾌한 시냇물 소리와 높은 고도에서 내려다보는 경치가 지친 순례자에게 힘을 주겠지만 N-VI의 커브길에서 특히 보행에 주의해야 한다. 그리고 산지(특히 갈리시아 지방)의 변덕스러운 기후변화 때문에 보온 및 방수 의류를 꼭 챙겨야 한다.

비야프랑카 델 비에르소 Villafranca del Bierzo → 페레헤 Pereje　　5.0km

① 번 루트를 선택해 부르비아 다리를 건너 직진한다. 카사 멘데스 옆의 카예 에스피리투 산토를 따라 마을을 나와 발카르세 강Rio Buribia을 따라 N-VI와 만나는 교차로에 이른다. 조심스럽게 교차로를 건너 N-VI의 가드 레일이 설치된 인도를 따라 페레헤로 걷는다.

페레헤 Pereje → 트라바델로 Trabadelo (5km)　　10km

마을을 나와 다시 N-VI를 건너 좌측 인도를 따라 걷는다. A-6을 두 번 가로지른 후 N-VI을 조심스럽게 건너 트라바델로에 진입한다. 마을 초입에 있는 크리스페타 알베르게의 Bar에서 휴식을 취하거나 펜션 엘 푸엔테 페레그리노(150m 전방에 위치)에 들러 라면 간식을 먹어보자.

트라바델로 Trabadelo → 베가 데 발카르세 Vega de Valcarce (6.6km)　　16.6km

마을을 나오면 ② 번 루트와 만나는 교차점을 지나 포장도로를 걷다가 A-6 아래를 통해(주의!) 다시 N-VI의 인도로 들어간다. N-VI를 따라 트럭 휴게소를 지나 왼쪽으로 돌면 라 포르텔라 데 발카르세La Portela de Valcarce 로 들어간다. 마을을 나오면 N-VI을 벗어나 암바스메스타스Ambasmestas 를 통과해 베가 데 발카르세(마을 초입에 A-6고가도로가 지나는)에 이른다. 마을 중심지에 작은 슈퍼마켓, 약국, Bar 등이 있으므로 필요 물품을 마지막으로 구입하고 휴식을 취한다.

베가 데 발카르세 Vega de Valcarce → **에레리아스** Herrerias **(3.5km)** `20.1km`

왼쪽 산등성이에 있는 사라신 성을 보며 한적한 도로를 따라가면 루이텔란의 산 후안 성당을 만난다. 마을을 나와 오르막길을 오르다가 에레리아스(고도 705m) 표지판을 따라 왼쪽 옆길로 내려가 마을로 들어간다. 앞으로 이어질 가파른 오르막 구간(8.7km)을 대비해 쉼터(오른쪽)나 Bar에서 휴식을 취하고 수통도 채운다.

에레리아스 Herrerias → **라 파바** La Faba **(3.6km)** `23.7km`

마을을 나와 한산한 아스팔트 오르막길을 오르다 왼쪽 옆으로 난 오솔길을 따라 계곡으로 들어선다. 라 파바(고도 920m)까지 가파른 오르막길(비가 오면 진창이 되는 흙길)이 숲 사이로 계속 이어진다. 마을의 Bar나 상점에서 뭉친 다리근육을 풀어준다.

라 파바 La Faba → **라구나 데 카스티야** Laguna de Castilla **(2.5km)** `26.2km`

마을을 벗어나 밤나무가 늘어선 길을 따라 올라가면 사방이 트인 관목숲
길이 이어진다. 멋진 경치를 즐기면서 라구나 데 카스티야 (고도 1,150m)
로 들어간다.

라구나 데 카스티야 Laguna de Castilla

→오 세브레이로 O Cebreiro (2.6km) `28.8km`

마을을 나와 다시 오르막길을 오르면 갈리시아 주 경계석에 이른다. 경계석을 배경으로 기념사진을 찍은 후 관목지 사이로 난 길을 따라 계속 걷는다. 고도가 높아질수록 더욱 선명하고 멋진 경치가 드러난다. 오르막길이 끝나는 지점에 있는 돌벽을 따라가면 오 세브레이로(고도 1,330m)에 닿는다.

오 세브레이로는 9세기에 만들어진 산타 마리아 왕립 성당(가장 오래된 성당 중 하나이며 그리스도의 기적이 일어난 성반과 성배가 전시되어 있음), 돈 알리아스 발리냐 삼페드로의 흉상(순례길의 표시인 노란 화살표를 고안한 교구사제), 파요사(갈리시아 특유의 초가집) 박물관 등이 볼 만하다.알베르게 숙소는 마을의 서쪽 끝에 위치한 공립 알베르게가 유일하므로 서둘러 등록(원본 여권과 크레덴시알 준비)을 하고 마을 구경하기를 권한다.

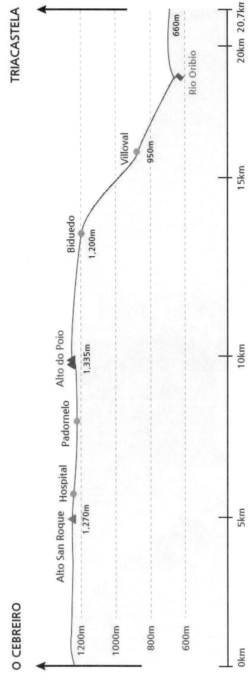

26day

26구간. 오 세브레이로 ➡ 트리아카스텔라 구간

O CEBREIRO

TRIACASTELA

Alto San Roque
1,270m

Hospital

Padornelo

Alto do Poio
1,335m

Biduedo
1,200m

Villoval
950m

Rio Oribio

660m

1200m
1000m
800m
600m

0km   5km   10km   15km   20km 20.7km

O CEBREIRO

Xunta(104)
0.0

San Esteban
Monumento do
Peregrino
(순례자 기념비)
3.1

Alto San Roque
1,270m
(산 로케 고개)
LINARES

Municipal(20)
2.4

HOSPITAL de
la CONDESA

Alto do Poio
1,335m (포요 고개)

Padornelo
San Oxan

Privado(16)
Alto do Poio
3.1

Privado(16)
A Reboleira
3.5

San Pedro
2.3
Biduedo

Cruce
[교차점(터널)]

Villoval
3.2

As Pasantes

Ramil

Privado(38) Aitzenea
Privado(27) Berce
Xunta(56)

TRIACASTELA

Privado(21)
Oribio
3.1

A-6

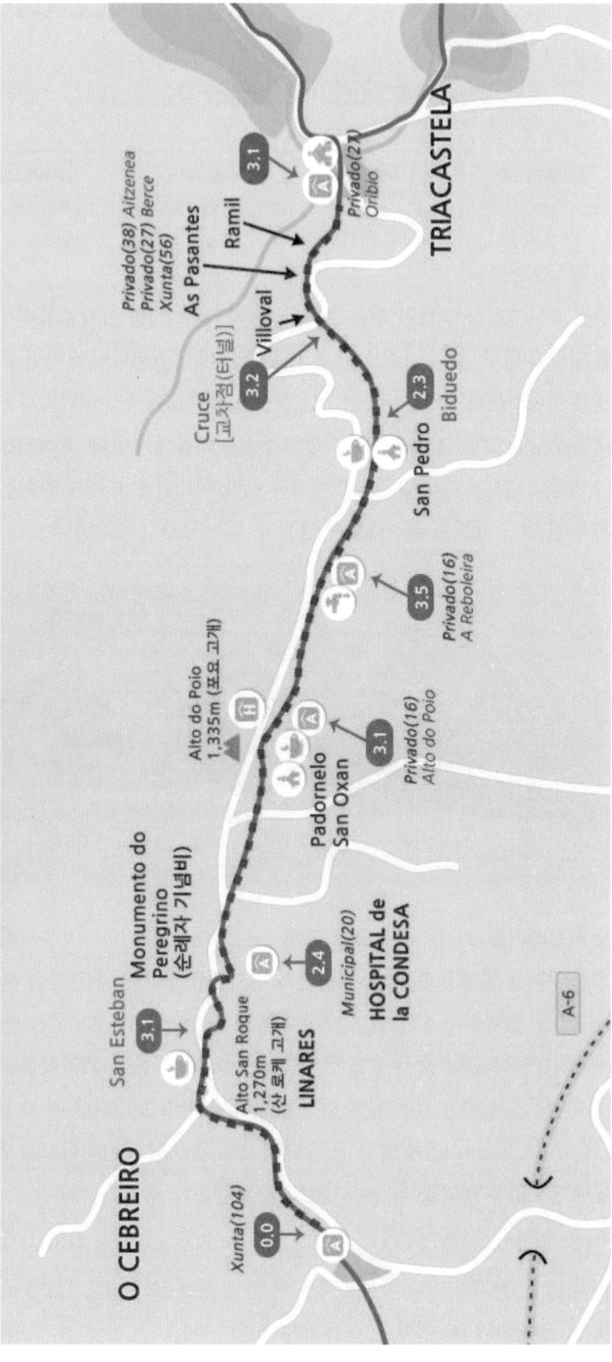

🚶 26구간.
오 세브레이로 ➡ 트리아카스텔라 20.7km

```
오 세브레이로        포요 고개        비두에도        트리아카스텔라
```

◆ 구간포인트

전날 오르막길을 오르며 힘을 소진한 순례자들은 오늘은 피로회복에 초점을 맞춰야 한다. 걷는 거리도 짧고, 대부분 내리막길(엄밀히 말하면 포요 고개를 지나서부터) 구간이다. 하지만 긴장이 풀린 상태에서 내리막길을 걷다 보면 부상을 당할 수 있으므로 각별히 주의를 기울여야 한다. 그리고 갈리시아 지방의 변덕스러운 날씨도 대비해야 한다. 하지만 산 중턱에 자욱한 안개가 깔린 멋진 광경을 내려다보며 걸을 수 있는 구간이기도 하다.

오 세브레이로 O Cebreiro → **포요 고개** Alto do Poio　　8.6km

공립 알베르게 옆으로 난 흙길을 따라 산기슭을 넘으면 넓은 길을 따라 리나레스로 들어선다. 마을을 나오면 지방도를 건너 짧은 오르막을 올라 순례자기념물이 있는 산 로케 고개Alto San Roque에 이른다. 기념물을 배경으로 기념사진을 찍은 후 도로와 나란히 난 길을 따라 오스피탈 데 라 콘데사 Hospital de la Condesa에 닿는다. 돌 지붕으로 된 종탑과 산티아고를 받쳐든 십자가가 있는 성당을 지나면 지방도 옆을 걷는다.

지방도를 잠시 벗어나 다시 오솔길을 걸으면 파도르넬로의 산 옥산 예배당을 지난다. 짧지만 가파른 오르막을 더 가면 포요 고개(고도 1,335m)에 닿는다. 고개 위의 Bar에서 잠시 휴식을 취한다

포요 고개 Alto do Poio → 비두에도 Biduedo (5.8km)　　`14.4km`

도로 옆의 흙길을 따라 폰프리아로 들어간다. 마을의 이름은 '차가운 샘물' fons fria에서 왔다. 마을을 나와 다시 도로옆길을 따라 계속 걷다가 오른쪽 으로 꺾으면 산 페드로 예배당이 있는 비두에도(고도 1,200m)에 들어간다.

비두에도 Biduedo → 트리아카스텔라 Triacastela (6.3km)　　`20.7km`

마을을 나오면 멋진 전원 풍경이 펼쳐지는 흙길이 이어진다. 다만 멋진 경 치에 취해 가파른 내리막길에 부상을 입지 않도록 조심해야 한다. 비요발에 있는 아이라 도 캄미노 바Bar Aira do Camino에서 휴식을 취하고, 다시 가파 른 내리막 흙길을 걸어 지방도를 만난다. 지방도를 건너서 가축들이 드나드 는 길을 따라 파산테스와 라밀을 지난다. 전형적인 갈리시아 지방의 순례길 로 오크나무와 밤나무 그늘이 드리워진 시골길을 따라 트리아카스텔라(고 도 660m)로 들어간다.

트리아카스텔라의 이름에서 알 수 있듯 예전에 성이 세 개나 있었던 마을이 다. 마을 근교의 채석장은 산티아고 대성당을 짓기 위한 석회석을 공급했던 곳이다. 18세기의 종탑이 있는 산티아고 성당이 가볼 만하다.

27구간. 트리아카스텔라 ➔ 사리아 고도

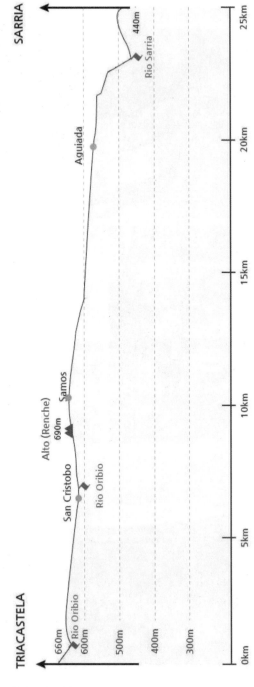

TRIACASTELA

660m
Rio Oribio
600m
San Cristobo
Rio Oribio

Alto (Renche)
690m
Samos

Aguiada

Rio Sarria
440m

SARRIA

600m
500m
400m
300m

0km 5km 10km 15km 20km 25km

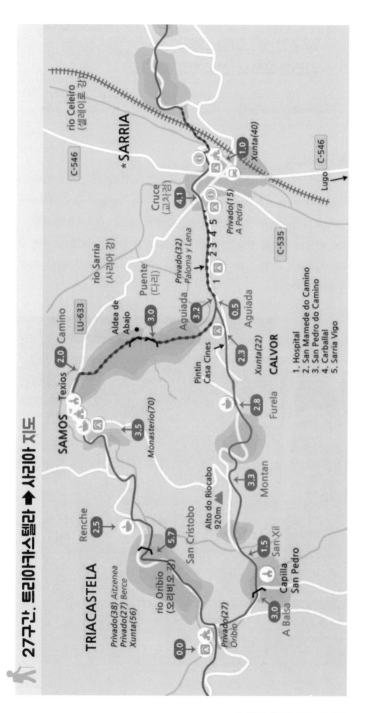

27구간. 트리아카스텔라 → 사리아 지도

SARRIA

rio Celeiro
(셀레이로 강)

C-546

Cruce
(교차점)

4.1

Xunta(40)

1.0

C-546

Lugo →

Privadol(15)
A Pedra

4 5

3

2

1

C-535

Privado(32)
Paloma y Lena

rio Sarria
(사리아 강)

Puente
(다리)

Aguiada

3.2

Aguiada

LU-633

3.0

0.5

Aldea de
Abajo

Camino

2.0

Texios

SAMOS

2.3

Xunta(22)

CALVOR

Pintin
Casa Cines

1. Hospital
2. San Mamede do Camino
3. San Pedro do Camino
4. Carballal
5. Sarria Vigo

Monasterio(70)

3.5

2.8

Furela

Montan

3.3

Renche

2.5

San Cristobo

Alto do Riocabo
920m

5.7

San Xil

1.5

TRIACASTELA

Privado(38) Aitzenea
Privadol(27) Berce
Xunta(56)

rio Oribio
(오리비오 강)

Capilla
San Pedro

Privadol(27)
Oribio

A Balsa

3.0

0.0

🚶 27구간. 트리아카스텔라
➡ 사리아 25km (산실 루트 18.5km)

●┄┄┄┄┄┄┄┄┄┄┄┄┄┄┄┄┄┄┄┄●

트리아카스텔라   산 크리스토보   사모스   푸엔테   아기아다   사리아

◆ **구간포인트**

트리아카스텔라를 나오면 ① 사모스 루트(빨간색) ② 산실 루트(파란색)
로 나뉜다. 산실 루트는 짧지만(18.5km) 가파른 아스팔트 길이 대부분이
다. 따라서 오리비오 강의 울창한 숲길을 걸어 사모스 수도원을 방문할 수
있는 사모스 루트를 선택한다. 중간에 지나는 마을에서 카미노 표시에 주
의를 기울여야 하며, 도로 옆을 걸을 때는 좌측보행을 하면서 지나는 차량
에 특히 주의한다.

트리아카스텔라 Triacastela → 산 크리스토보 San Cristobo `5.7km`

마을을 나오면 사모스 루트는 왼쪽(산실은 오른쪽)을 선택하여 오리비오 강 Rio Oribio을 따라 이어지는 지방도를 따라간다. 도로 왼쪽의 흙길을 따라 조심스럽게 걷다가 지방도를 가로질러 산 크리스토보로 들어선다. 시원한 물소리와 함께 마을의 방앗간이 정겨운 시골 마을의 모습을 보여준다.

산 크리스토보 San Cristobo → 사모스 Samos (6km)   `11.7km`

마을을 벗어나면 숲속으로 난 아기자기한 오솔길이 강줄기와 나란히 이어진다. 신비한 분위기를 자아내는 안개가 자주 끼는 길을 따라 렌체 고개(고도 690m)에 이른다. 벤치에서 잠시 휴식을 취한 후 다시 오솔길을 걷는다.

다소 가파른 오르막을 오르면 도로 아래를 통과하는 터널을 지난다. 이정표를 따라 나무그늘이 터널을 이루는 흙길을 선택한다. 사모스 수도원의 전경이 보이는 전망대에서 멋진 모습을 담고 다시 내리막길을 조심히 내려간다.

마을에 들어서서 다리를 건너 사모스 수도원으로 가는 오른쪽 아스팔트 길(왼쪽은 순례길)을 택한다. 사모스 수도원은 스페인에서 가장 오래된 수도원에 속하는 곳으로 수도원 성당 옆에 있는 기념품점에서 가이드 투어를 신청하면 내부 관람이 가능하다.

사모스 Samos → 다리 Puente (5km) `16.7km`

마을을 벗어나 지방도를 따라 테시오스 예배당을 지난다. 이제 도로를 벗어나 오른쪽 오르막 숲길을 따라 걷는다. 잠시 후 계곡을 따라 조금 내려가다가 강옆으로 난 길을 택한다. 다시 만난 오리비오 강을 건너 알데아 데 아바호Aldea de Abaja를 지나면 다시 한 번 다리를 건넌다.

다리 Puente → 아기아다 Aguiada (3.2km) `19.9km`

다리를 건너면 오르막길을 걸어 아기아다(산실 루트와 만나는 지점)에 닿는다. 이제부터 사리아까지는 지방도를 따라가는 지루한 흙길(그늘도 거의 없는)이므로 아기아다에서 잠시 휴식을 취한다.

✚ 산실루트

트리아카스텔라를 나오면 오른쪽 표지를 따라 아스팔트 길을 걸어 발사(3km)에 이른다. 숲속으로 난 길을 따라 산실(4.5km)을 지나면 리오카보 봉(고도 920m)으로 오르막길이 이어진다. 산길을 따라 몬탄(7.8km), 푸렐라(10.6km)를 지난다. 순례길 표시를 따라 칼보르(12.9km)를 지나 포장 길을 따라 사모스 루트와 만나는 아기아다(13.4km)에 이른다.

아기아다 Aguiada → 사리아 Sarria (5.1km) 25km

도로 옆의 넓지만 지루한 흙길을 따라 산 페드로 도 카미노San Pedro de Camino와 카르바얄Carballal을 지나 사리아(고도 440m) 외곽이 이른다. 사리아 외곽의 복잡한 표지판에 주의하며 알폰소 IX 호텔을 지나 사리아 강을 건너 걷는다.

순례자 용품 판매점(페레그리노테카)을 지나 가파른 계단을 오르면 루아 마이오르에 들어선다. 순례길은 막달레나 성당이 보이는 왼쪽으로 이어진다.

사리아는 중세부터 오늘날까지 순례의 중심도시로 남아 있다. 이곳부터 산티아고 데 콤포스텔라까지 걸으면 100km 도보라는 순례자 증서의 요건을 갖추기 때문이다. 좁지만 고풍스러운 구시가지를 따라 막달레나 대성당, 중세 사리아 성의 유적, 보스케 공원, 막달레나 수도원을 둘러 볼 만하다.

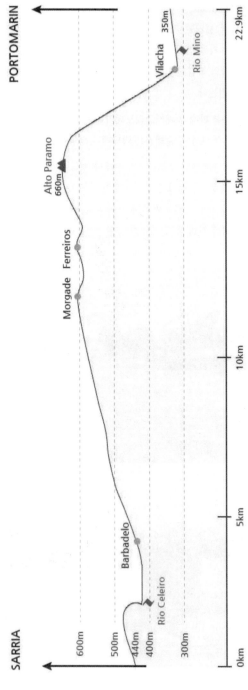

PORTOMARIN

Alto Paramo
660m

Morgade Ferreiros

Vilacha
350m

Rio Mino

Barbadelo

Rio Celeiro

SARRIA

600m
500m
440m
400m
300m

0km
5km
10km
15km
22.9km

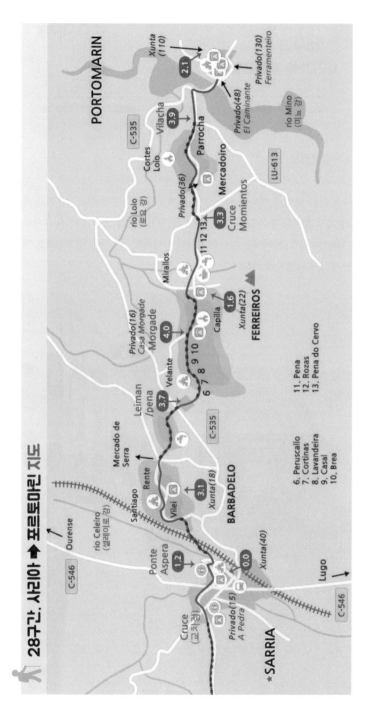

28구간. 사리아 → 포르토마린 지도

PORTOMARIN

Xunta (110)

Privado(130)
Ferramenteiro

Privado(48)
El Caminante

rio Mino
(미뇨 강)

Xunta 2.1

Vilacha 3.9

Parrocha

Cortes
Loio

Privado(36)

Mercadoiro

LU-613

C-535

rio Loio
(로요 강)

Cruce
Momientos 3.3

11 12 13

Mirallos

FERREIROS

Xunta(22)

Capilla 1.6

Privado(16)
Casa Morgade

Morgade 4.0

9 10

8

7

Velante

6

Leiman
Ipena 3.7

Mercado de
Serra

C-535

Santiago

Rente

Vilei

Xunta(18) 3.1

BARBADELO

Ourense

rio Celeiro
(셀레이로 강)

Ponte
Aspera 1.2

Xunta(40) 0.0

Lugo

C-546

C-546

Cruce
(교차점)

Privado(15)
A Pedra

*SARRIA

6. Peruscallo
7. Cortinas
8. Lavandeira
9. Casal
10. Brea

11. Pena
12. Rozas
13. Pena do Cervo

🚶 28구간.
사리아 ➡ 포르토마린 22.9km

사리아 ——— 바르바델로 ——— 모르가데 ——— 빌라차 ——— 포르토마린

◈ 구간포인트

지방도와 오솔길을 번갈아가며 걷는다. 하지만 밤나무와 오크나무가 무성하게 자란 숲이 순례자를 위한 그늘을 제공해주고, 군데군데 작은 마을의 Bar에서 충분한 휴식을 취할 수 있다. 사리아 외곽의 철길 횡단 시 주의를 기울여야 하며, 빌라차를 지나면 나타나는 내리막 돌길에서 미끄럼으로 인한 부상에 각별히 주의해야 한다.

사리아 Sarria → 바르바델로 Barbadelo   `4.3km`

구시가지의 중세 사리아 성 유적지와 돌 십자가를 지나 외벽 석조조각이 멋진 막달레나 수도원을 만나면 왼쪽의 묘지 사이의 내리막길(비가 올 경우 상당히 미끄럽다)을 택한다. 셀레이로 강Río Celeiro을 건너 강과 철길 사이로 난길을 따라 걷다가 철길을 건넌다. 작은 시내를 건너 가파른 숲길 오르막을 오르면 탁 트인 평원길을 따라 바르바델로에 닿는다. 넓은 테라스에서 맛 좋은 커피를 즐길 수 있는 Bar에서 잠시 휴식을 취한다.

바르바델로 Barbadelo → 모르가데 Morgade (7.7km)   `12km`

숲길을 따라 렌테Rente와 메르카도 데 세라Mercado de Serra를 지나 지방도를 건너면 레이만/페나에 들어온다. 숲길을 따라 줄지어 있는 작은 촌락을 지나 모르가데(갈리시아 주 정부가 새로 설치한 표지석 때문에 현재는 빛이 바랬지만 예전에는 100km 진입의 기준이었던 마을)에 이른다. 모르가데의 Bar에서 100km 남은 순례길의 의미를 되새겨보자.

모르가데 Morgade → 빌라차 Vilacha (8.8km)　`20.8km`

마을을 나와 페레이로스 천을 화강암 징검다리를 밟고 건너 페레이로스에 이른다. 좁은 계곡을 따라 내려가 로마네스크 성당이 있는 미라요스를 지나 직진한다. 페냐·로사스 등 작은 촌락을 지나 모미엔토스 고개(고도 660m)에 오른 뒤 다시 내리막을 따라 메르카도이로에 들어간다. 마을을 나와 포장도로를 따라 걸으면 파로차를 지나 빌라차에 닿는다.

빌라차 Vilacha → 포르토마린 Portomarin (2.1km) `22.9km`

빌라차를 나와 포장도로를 따라가다가 가파른 내리막 돌길(미끄러져서 부상이 발생하는 경우가 잦으므로 주의)을 내려가면 포르토마린으로 진입하는 지방도를 만난다. 미뇨 강Rio Mino을 가로지르는 현대식 다리를 건너 가파른 돌계단을 마지막 남은 힘을 다해 올라 아치문을 지나면 포르토마린에 이른다.

포르토마린은 미뇨 강에 저수지가 생기면서 기존 저지대의 구시가지(우리가 건너온 다리의 아래에 있었던)는 사라지고 고지대의 신시가지만 남아 있는 마을이다. 높은 언덕꼭대기에 있는 마을 중심부에는 로마네스크 양식의 산 후안 성당(산티아고 대성당의 조각을 담당했던 마테오 장인이 건축 지휘를 한 것으로 유명)과 중앙광장이 있고, 주변에는 다양한 식당과 Bar가 있다.

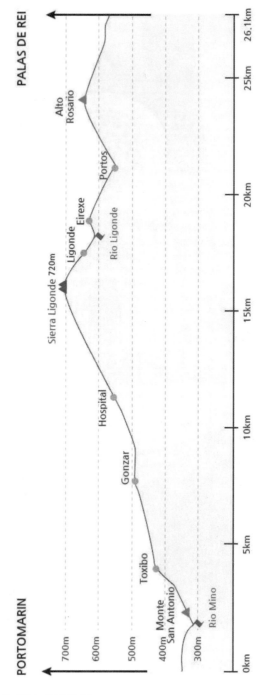

29구간. 포르토마린 → 팔라스 데 레이

PALAS DE REI

PORTOMARIN

Alto Rosario

Portos

Eirexe

Ligonde

Rio Ligonde

Sierra Ligonde 720m

Hospital

Gonzar

Toxibo

Monte San Antonio

Rio Mino

700m
600m
500m
400m
300m

0km
5km
10km
15km
20km
25km
26.1km

29구간. 포르토마린 ➡ 팔라스 데 레이 지도

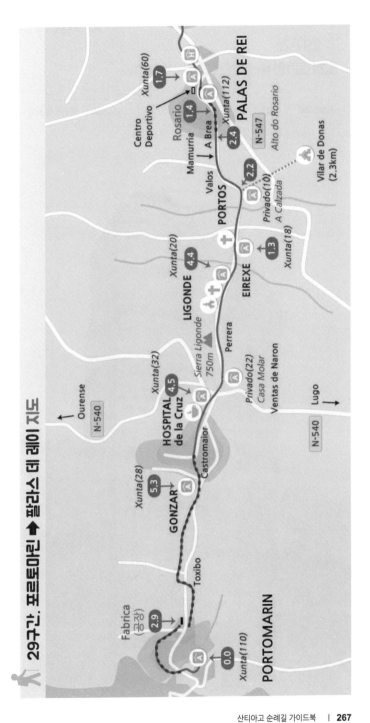

PALAS DE REI

Xunta(60) 1.7

Xunta(112) 1.4

Rosario 2.4

A Brea

Mamurria

N-547

Centro Deportivo

Alto do Rosario

Valos

PORTOS 2.2

Privado(10) A Calzada

Vilar de Donas (2.3km)

Xunta(20) 4.4

LIGONDE

EIREXE

Xunta(18) 1.3

Perrera

Sierra Ligonde 750m

Xunta(32) 4.5

HOSPITAL de la Cruz

Castromaior

Privado(22) Casa Molar

Ventas de Naron

N-540

Lugo →

Ourense → N-540

Xunta(28) 5.3

GONZAR

Toxibo

Fabrica (공장) 2.9

Xunta(110) 0.0

PORTOMARIN

◆ **구간포인트**

초반 포르토마린에서 오스피탈 데 라 크루스까지는 지방도 옆 흙길을 걷는다. 지나가는 차량들이 많아 지방도 위를 걷는 과감함은 접어두자.

이후 교차로(국도와 지방도)를 지나면 어쩔 수 없이 아스팔트길 위를 걷는 구간이 아 브레아까지 계속 이어지는 데, 작은 촌락들이 줄지어 있어 휴식을 취하는 데는 문제가 없다.

아 브레아부터 N-547과 나란히 나있는 흙길을 따라 팔라스 데 레이로 들어간다. 전체적으로 평이한 길이지만 리곤데 산맥과 로사리오 고개를 오르는 게 다소 힘에 부칠 수 있다.

포르토마린 Portomarin → 곤사르 Gonzar `8.2km`

포르토마린을 내려와 다리를 건너 산 안토니오 언덕Alto San Antomio의 숲길 오르막을 걸어 지방도와 만난다. 지방도로 따라가다가 공장을 지나면 길을 가로지른 후 넓은 흙길을 걷는다. 다시 지방도를 건너 톡시보Toxibo 방향으로 난 길을 택해 진행하면 곤사르에 닿는다. 마을 끝 지방도 옆에 위치한 Bar에서 잠시 휴식을 취한다.

곤사르 Gonzar → **오스피탈 데 라 크루스** Hospital de la Cruz **(4.5km)** `12.7km`
마을을 나와 왼쪽으로 방향을 틀어 한산한 길로 접어든 후 다시 우회전해
걷는다. 산타 마리아 성당이 있는 카스트로 마이오르(마을 왼쪽 순례길을
조금 벗어난 곳에 철기시대 유적지인 카스트로 데 카스트로마이오르가 유
명)를 지나 오스피탈 데 라 크루스에 이른다. 차량 통행이 잦은 지방도를 건
널 때 특히 주의해야 한다.

오스피탈 데 라 크루스 Hospital de la Cruz → **에이렉세** Eirexe **(5.7km)** `18.4km`
마을을 나와 교차로(지방도와 국도 N-540)를 지나면 아스팔트길 위를 걸
어 벤타스 데 나론Ventas de Naron으로 들어간다. 마을을 나와 리곤데 산맥
(고도 720m)을 오른 뒤 다시 내리막길을 따라 유서 깊은 리곤데Ligonde 로
들어간다. 리곤데 강을 건너 다시 오르막을 걸어 에이렉세 마을에 이른다.
마을 끝 갈림길에 있는 Bar에서 잠시 휴식을 취한다.

에이렉세 Eirexe → 아 브레아 A Brea (4.6km)

한적한 시골길을 따라 포르토스Portos를 지나면 완만한 오르막길이 시작된
다. 발로스와 마무리아를 지나 아 브레아에 닿는다. 로사리오 고개로 가는
마지막 오르막길을 대비해 N-547과 만나는 지점에 있는 Bar에서 잠시 휴
식을 취한다.

아 브레아 A Brea → 팔라스 데 레이 Palas de Rei (3.1km)

로사리오Rosario 고개를 오르면 왼쪽으로 방향을 꺾어 오스 차코테스 알베
르게, 스포츠 센터를 지나 팔라스 데 레이에 진입한다. 팔라스 데 레이는 독
특한 외관이 인상적인 산 티르소 성당이 가볼 만하다.

30구간. 팔라스 데 레이 → 아르수아 고도

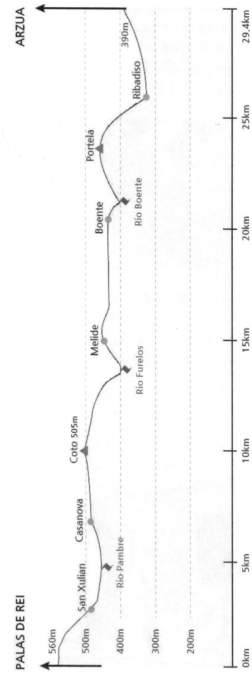

ARZUA

PALAS DE REI

- 560m
- 500m
- 400m
- 300m
- 200m

San Xulian
Rio Pambre
Casanova
Coto 505m
Rio Furelos
Melide
Boente
Rio Boente
Portela
Ribadiso
390m

0km 5km 10km 15km 20km 25km 29.4km

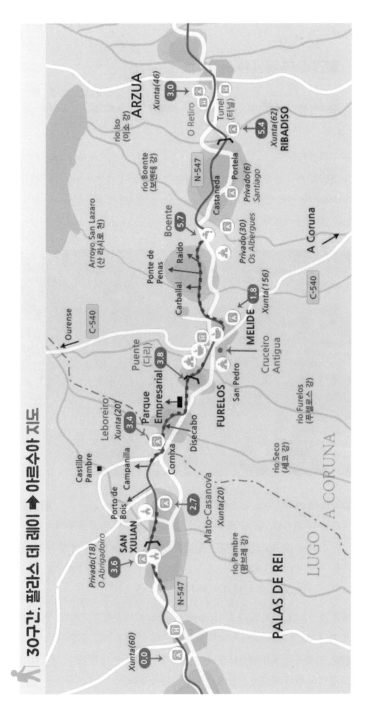

🚶 30구간.
팔라스 데 레이 ➡ 아르수아 29.4km

팔라스 데 레이　　레보레이로　　멜리데　　보엔테　　리바디소　　아르수아

◆ **구간포인트**

N-547을 여러 번 교차하면서 걷는데, 얕은 계곡들이 이어지는 숲길 구간이
대부분이다. 멜리데에서 유명한 문어요리를 꼭 맛보면서 휴식을 취하는 것도
좋다. 하지만 마지막 리바디소 – 아르수아 구간은 다소 힘든 오르막길이다.

팔라스 데 레이 Palas de Rei → 레보레이로 Leboreiro　　9.7km

팔라스 데 레이를 나오면 N-547의 인도를 따라 걷다가 작은 촌락으로 진
입한다. 국도를 가로질러서 흙길을 따라 산 훌리안San Xulian에 닿는다. 마
을을 지나 내리막을 따라 걷다가 팜브레 강Rio Pambre을 건너면 마토 카사
노바Mato Casanova로 이어지는 오르막이 나온다.

마토 카사노바, 포르토 데 보이스Porto de Bois, 캄파니야Campamilla를 차례
로 지나 코르닉사Cornixa의 고물상(루고 주와 코루나 주의 경계 지점)에 이
른다. 이제부터 포장 보행로를 걸어 레보레이로로 들어가게 된다. 로마네스
크 양식의 산타 마리아 성당이 마을 끝부분에 있다.

레보레이로 Leboreiro → 멜리데 Melide (5.6km) 15.3km

마을 밖의 세코 강Rio Seco을 건너 디세카보Disecabo와 N-547 옆의 산업지구를 지난다. 이제 숲길을 따라 내려가 중세풍의 산 후안 다리를 건너 푸렐로스Furelos 로 진입한다. 푸렐로스의 산 후안 성당을 지나 멜리데Melide외곽의 주택가를 통과해 N-547 도로에 닿는다. 국도 옆에 위치한 문어요리로 유명한 에세길Ezequiel에서 잠시 휴식을 취한다.

산 로케 공원을 지나 교차로를 가로지르면 구시가지로 접어든다. 구시가지의 좁은 골목길 사이로 난 순례길을 따라 멜리데를 빠져나간다. 멜리데(고도 460m)는 프리미티보 순례길과 프랑스 순례길이 만나는 마을이다.

멜리데 Melide → 보엔테 Boente (5.7km) `21km`

마을을 나오면 그늘이 우거진 숲길을 따라 카르바얄Carballal, 폰테 데 페냐스Ponte de Penas, 라이도Raido를 지나 N-547이 관통하는 보엔테에 이른다. 보엔테에서는 차량 통행이 많은 국도를 건널 때 특히 주의해야 한다.

보엔테 Boente → 리바디소 Ribadiso (5.4km) `26.4km`

다시 순례길은 가파른 계곡으로 이어지며 보엔테 강을 건넌다. 오르막길을 따라 예전 산티아고 대성당 건축을 위한 가마터가 있었던 카스타네다Castaneda에 이른다. 이곳에서부터 다시 언덕을 따라 N-547을 가로지른 후 이소 강Rio Iso을 건너면 리바디소에 진입한다. 이후 아르수아까지 이어지는 오르막길에 대비해 Bar에서 휴식을 취하는 것이 좋다.

리바디소 Ribadiso → 아르수아 Arzua (3km) `29.4km`

오르막길을 따라 N-547 아래의 터널을 통과한 후 국도의 옆길을 걸어 아르수아(고도 390m)에 들어간다. 아르수아는 지역에서 생산된 치즈가 유명한 도시로 중심부의 교구성당이 둘러볼 만하다.

31구간. 아르수아 ➡ 오 페드로우소 고도

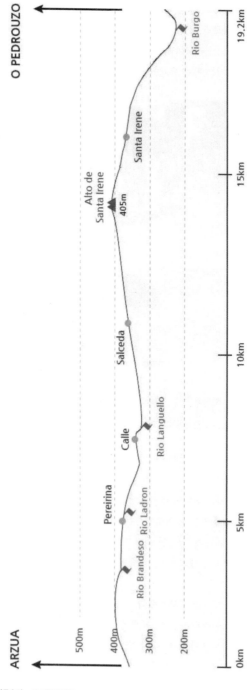

ARZUA

O PEDROUZO

500m
400m
300m
200m

Rio Brandeso Rio Ladron

Pereirina

Calle

Rio Languello

Salceda

Alto de
Santa Irene

405m

Santa Irene

Rio Burgo

0km   5km   10km   15km   19.2km

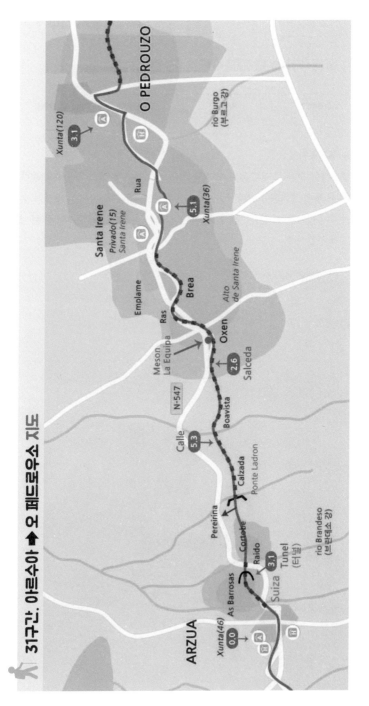

31구간. 아르수아 ➡ 오 페드로우소 지도

O PEDROUZO

Xunta(120) — 3.1

rio Burgo
(부르고 강)

Santa Irene

Rua

Xunta(36) — 5.1

Privado(15)
Santa Irene

Emplame

Brea

Ras

Alto
de Santa Irene

Oxen

Meson
La Equipa

Salceda — 2.6

N-547

Boavista

Calle — 5.3

Calzada

Ponte Ladron

Pereirina

Cortobe

rio Brandeso
(브란데소 강)

Raido — 3.1

Tunel
(터널)

Suiza

As Barrosas

ARZUA

Xunta(46) — 0.0

31day

🚶 31구간.
아르수아 ➡ 오 페드로우소 19.2km

아르수아	카에	산타 이레네	오 페드로우소

◈ **구간포인트**

교통량이 많은 N-547을 여러 번 교차하면서 걷는다. 따라서 국도를 횡단할 때 특히 주의해야 한다. 하지만 유칼립투스 나무 그늘이 있는 상쾌한 도보길이 이어진다. 얕은 계곡을 세 번 지나기는 하지만 그래도 평이한 난이도의 구간이다.

아르수아 Arzua → 카예 Calle 〔8.4km〕

아르수아를 나오면 이내 숲길 계곡을 걷는다. N-547 아래 터널을 통과 후 라이도Raido, 코르토베Cortobe를 지나 교각을 건너면 칼사다Calzada로 진입한다. 카미노 표시를 따라 카예에 닿는다.

카예 Calle → 산타 이레네 Santa Irene (7.7km)   16.1km

보아비스타Boavista를 지나면 언덕 오르막을 올라 살세다(N-547교차)에
닿는다. 도로 옆의 좁은 인도를 따라 걷다가 오른쪽 숲길로 방향을 정한다.
다소 불규칙적인 길표시를 따라 옥센Oxen을 지나 라스Ras에 진입한다. 이
곳에서 N-547을 건너 브레아에 닿는다. 브레아Brea를 지나 N-547을 따라
엠플라메Emplame에 들어간다. 교 차로의 Bar에서 잠시 휴식을 취한 뒤 국
도 옆길을 따라 산타 이레네에 진입한다.

산타 이레네 Santa Irene → 오 페드로우소 O Pedrouzo (3.1km)   19.2km

N-547을 따라가다 터널을 통해 국도를 통과하면 루아Rua에 닿는다. 부르
고 강Rio Burgo을 건넌 후 유칼립투스 숲길을 지나면 N-547과 다시 만난
다. 왼쪽으로 방향을 돌려 국도 옆을 따라 오 페드로우소로 들어간다.

32구간. 오 페드로우소 ➡ 산티아고 데 콤포스텔라 고도

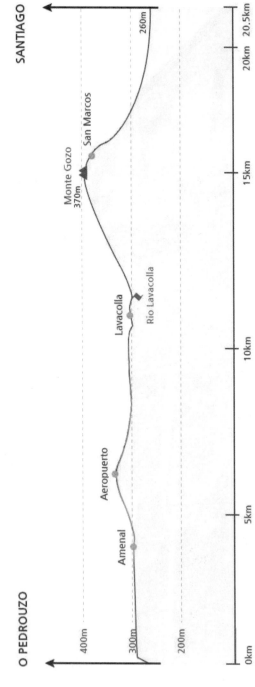

O PEDROUZO

SANTIAGO

Amenal

Aeropuerto

Lavacolla

Rio Lavacolla

Monte Gozo 370m

San Marcos

260m

400m

300m

200m

0km 5km 10km 15km 20km 20.5km

32구간. 오 페드로우소 ➜ 산티아고 데 콤포스텔라 지도

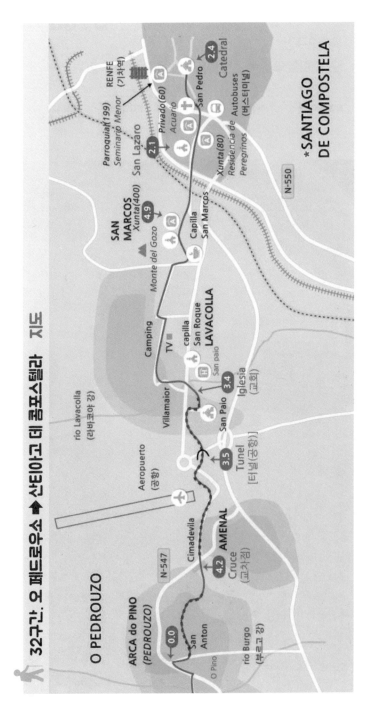

O PEDROUZO

ARCA do PINO
(PEDROUZO)

N-547

Cimadevila

AMENAL
Cruce
(교차점)

4.2

0.0
San Anton
O Pino

rio Burgo
(부르고 강)

Aeropuerto
(공항)

rio Lavacolla
(라바코야 강)

Villamaior

Tunel
[터널(공항)]

3.5

San Paio

3.4

Camping

TV

capilla

San Roque
LAVACOLLA

San paio

Iglesia
(교회)

Monte del Gozo

SAN
MARCOS
Xunta(400)

4.9

Capilla
San Marcos

N-550

2.1

San Lázaro

Acuario

Privado(60)

2.4

Parroquial(199)
Seminario Menor

RENFE
(기차역)

San Pedro

Catedral

Xunta(80)
Residencia de
Peregrinos

Autobuses
(버스터미널)

**SANTIAGO
DE COMPOSTELA

◆ **구간포인트**

울창한 유칼립투스 숲을 걷는 길이 산티아고 공항까지 이어진다. 하지만 산티아고 근교부터는 작은 마을들 사이로 난 포장길을 따라가야 한다. 아메날을 지나면서 나타나는 가파른 오르막길과 고소 산의 경사진 길이 다소 어려운 구간이며, 산티아고 시내 도보 시 차량 등에 각별히 주의해야 한다.

오 페드로우소 O Pedrouzo → **아메날** Amenal `4.2km`

N-547 옆에 있는 마을 청사를 지나 스포츠 센터로 걸음을 옮긴다. 이제부터 빽빽한 유칼립투스 숲을 걸어 산 안톤San Anton을 통과해 아메날에 들어간다.

아메날 Amenal → **라바코야** Lavacolla (6.9km) `11.1km`

시마데빌라Cimadevida를 지나 가파른 언덕길을 넘어간다. 산티아고 공항의 끝부분을 돌아가면 오래된 마을 산 파이오San Paio를 지난다. 오르막길을 조금 가다가 오른쪽으로 꺾어서 숲길 내리막을 타면 라바코야에 이른다. 라바코야는 중세 순례자들이 산티아고 입성 전에 몸을 씻었던 곳이다.

라바코야 Lavacolla → 몬테 델 고소 Monte del Gozo (4.9km) `16km`

교구 성당을 지나 국도를 건넌다. 그 다음 조그만 시내를 건너고, 가파른 언덕을 오르면 비야마이오르Villamaior에 이른다. 이제부터 평지 포장길을 따라 갈리시아 TV 방송국과 캠핑장을 지난다. 길 옆을 따라 걸어 산 마르코스 San Marcos마을을 통과하면 몬테 델 고소(고도 370m)의 산 마르코스 예배당이 나타난다. 몬테 델 고소(기쁨의 산)는 맑은날 산티아고 대성당의 탑들이 보이는 데서 유래됐다. 교황 요한 바오로 2세의 방문기념탑, 산 마르코스 예배당, 순례자 공원 등을 둘러본다.

몬테 델 고소 Monte del Gozo

→ 산티아고 데 콤포스텔라 Santiago de Compostela (4.5km) [20.5km]

몬테 델 고소를 내려오면 N-634의 인도를 따라 걷는다. AP-9와 철로를 차례로 건너 산 라사로 성당 방향으로 걷는다. 성당을 지나 교차로를 건너면 루아 도 발리뇨Rua do Valino를 택해 계속 직진한다. N-550의 교차로를 가로질러 루아 도스 콘체이로스로 들어선다. 산티아고의 중심부의 아기자기한 모습이 점점 드러난다. 산티아고 대성당의 첨탑을 보면서 루아 데 산 페드로Rua de San Pedro의 자갈길을 따라 산 페드로 광장에 이른다.

길을 건너 루아 다스 카사스 레아이스를 따라 세르반테스 광장에 진입한다. 카미노 표시를 따라 인마쿨라다 광장Praza da Inmaculada을 지나 오브라도이로 광장Praza Obradoiro에 닿는다. 광장 앞에 산티아고 대성당이 웅장한 모습을 드러낸다. 산티아고 대성당의 외부와 내부의 조각에 관심을 가져보고 성당 박물관에 보관된 보물들도 천천히 관람한다. 그리고 매일 정오에 열리는 순례자 미사에 참석해 보타푸메이로(향로)에서 뿜어져나오는 연기를 통해 순례길의 정결함을 느껴보자.